KB213495

AI시대
복지 패러다임의 전환,
기 본 소 득

불확실성의 시대에 안전판을
마련해주는 새로운 복지

불확실성의 시대에 안전판을 마련해주는 새로운 복지

AI시대 복지 패러다임의 전환, 기본소득

초판 1쇄 발행 2023년 12월 13일

지은이 김능현
펴낸이 장현수
펴낸곳 메이킹북스
출판등록 제 2019-000010호

디자인 최미영
편집 최미영
교정 강인영
마케팅 김소형

주소 서울특별시 구로구 경인로 661, 핀포인트타워 912-914호
전화 02-2135-5086
팩스 02-2135-5087
이메일 making_books@naver.com
홈페이지 www.makingbooks.co.kr

ISBN 979-11-6791-474-3(03320)
값 16,800원

ⓒ 김능현 2023 Printed in Korea

잘못된 책은 구입하신 곳에서 바꾸어 드립니다.
이 책의 전부 또는 일부 내용을 재사용하려면 사전에 저작권자와 펴낸곳의 동의를 받아야 합니다.

홈페이지 바로가기

메이킹북스는 저자님의 소중한 투고 원고를 기다립니다.
출간에 대한 관심이 있으신 분은 making_books@naver.com로 보내 주세요.

불확실성의 시대에 안전판을
마련해주는 새로운 복지

AI시대
복지 패러다임의 전환,
기 본 소 득

김능현 지음

메이킹북스

목차

AI시대 복지 패러다임의 전환, 기본소득

'소득의 예측 가능성'과 '공정'을 위한
대안적 복지의 모색

평생 매달 500만 원의 현금이 모든 사람에게 지급된다고 가정해 보자. (실제 2019년까지 연금복권 1등 당첨자는 20년간 500만 원의 연금을 받을 수 있었고, 2020년부터는 이 금액이 700만 원으로 올랐다.) 당신의 삶은 어떻게 달라질까. 500만 원이면 웬만한 대기업 직장인의 한 달 월급 정도는 된다. 일단 삶의 불안정성이 사라질 것이다. 직장에서 언제 내쳐질지 모른다는 불안감, '겨우 1채 보유하고 있는 아파트 값이 떨어지면 어떻게 하지'라는 걱정에서 어느 정도 해방될 수 있다. 한국인의 최대 관심인 노후 걱정 또한 덜 수 있을 것이다.

결혼을 해서 아이를 낳을까 말까 하는 고민도 조금은 줄어들 것이다. '좋은 아빠, 엄마가 될 수 있을까' 하는 망설임은 여전하겠지만, 돈이 없어 아이에게 깔끔한 옷을 입혀 주지 못하고 좋은 음식을 먹이지 못하며 좋은 교육을 시켜 주지 못해 나중에 원망을 듣지 않을까 하는 자괴감에서는 벗어날 수 있다.

나뿐 아니라 내 아이도 평생 500만 원을 받을 수 있다는 터무니없는 가정을 해 보자. '전쟁터 같은 이 나라에서 내 아이가 제대로 살아갈 수 있을까' 하는 의문도 없어질 것이다.

재벌처럼 풍족한 삶을 살기에는 부족한 돈이지만 평생 먹고살 걱정은 없다는 생각에 근로 의욕이 꺾일 수도 있다. 어린 시절 선생님은 '노동이란 자아실현 욕구를 충족시키는 수단'이라고 가르쳤지만, 현실 세계를 살아가는 대부분의 서민에게 노동은 먹고 살기 위한 몸부림과 다름없다. 오늘날 서민들에게 직장은 자아실현의 장이 아니라 노동과 재화를 교환하는 매개체에 불과하다. 매달 500만 원의 돈을 호주머니에 넣어 준다면 지옥 같은 직장 생활을 그만두고 평생 놀고먹는 사람이 늘어날 수도 있다.

반대로 어떤 이들은 근로 의욕이 더 살아날 수도 있다 '돈을 벌기 위한 억지 노동'에서 탈출해 진정으로 원하는 일에 매진하는 든든한 밑천이 될 수 있다는 것이다. 월급을 받기 위해 하루하루 억지 노동을 하고 때로는 윗사람의 지시를 거부하지 못해 부도덕한 일도 마다하지 않는 '노동의 노예'가 아니라, 정말 내가 하고 싶은 일에 도전하는 자아실현 수단으로서의 노동이 현실로 다가올 수 있다.

500만 원이라는 돈이 모든 사람에게 매달 지급된다면 엄청난 인플레이션으로 돈의 가치가 떨어지는 부작용도 생각해 볼 수 있다. 이렇게 되면 매달 받는 500만 원의 가치는 계속 떨어져 예전에는 이 돈으로 한 달간 삼시 세 끼에 집세까지 지불하고 여가 생활까지 즐길 수 있었지만 어느 순간 사과 한 개도 살 수 없는 휴지 조각이 되면서 처치 곤란한 쓰레기로 전락할 것이다.

5,000만 명에 달하는 한국인에게 매달 500만 원씩의 풍족한 현금을 지급하는 것은 불가능하며 바람직하지도 않다. 매달 250조 원, 연간 3,000조 원의 돈이 필요한데, 대한민국의 연간 국내총생산(GDP)은 약 2,161.8조 원 (2022년, 명목 기준)에 불과하다. 이 돈을 마련하려면 정부는 매년 수천조 원의 돈을 차입하거나 찍어내야 하고 이는 막대한 부작용을 초래할 것이다.

하지만 눈높이를 낮추어 아무 조건 없이 매달 최저생계비에 해당하는 수십만 원의 돈이 지급된다고 가정해 보자. 최저생계비로 임대료에 아이 교육비까지 감당하기에는 턱없이 부족하기에 노동의 고통에서 벗어날 수는 없다. 그렇지만 오늘 실직한다 해도 내일 당장 굶어 죽을 걱정은 없기에 좀 더 시간을 갖고 좋은 일자리를 찾아볼 수 있고, 보수가 다소 적더라도 자신이 원하는 일자리를 구하거나 창업에 도전하는 용기를 내 볼 수도 있다.

사람은 누구나 무수히 많은 실패를 경험한다. 본인의 게으름과 무능력 탓도 있겠지만, 어쩔 수 없는 지독한 불운과 실수 탓에 넘어지고 쓰러진다. 이런 한 치 앞도 내다볼 수 없는 불확실성의 시대에도 생계를 보장해 주는 약간의 소득이 보장된다면 다시 일어설 수 있다. 그게 바로 '인간'이다. 성공하기 위해서는 실패할 자유가 보장돼야 한다. 마크 주커버그 페이스북 창업자는 "가장 위대한 성공은 실패할 수 있는 자유로부터 나온다(The greatest successes come from having the freedom to fail)"고 했다. 최소한의 일정한 소득은 위험 회피적인 인간의 성향을 도전적으로 바꾸고, 허울뿐인 기회의 평등을 실질적인 평등으로 격상시키며, 성공과 실패에 따른 결과를 불평 없이 수용하는 토대가 될 것이다.

아무런 조건 없이 정부가 국민들에게 일정한 주기로 정액의 현금을 지급하는 것을 '기본소득(Basic Income)'이라 한다. 여기서 핵심은 '조건 없이'라는 부분이다. 실업수당처럼 일자리를 구하려는 노력을 했다는 증빙을 요하거나, 기초생활보장제도의 생계급여처럼 소득이나 재산이 일정 수준 이하라는 증명을 필요로 하지 않는다는 의미다.

따라서 복지 혜택의 감소를 우려해 저소득층에서 벗어나기 꺼리는 현상을 줄이고, 부양 의무자가 있다는 이유로 복지 혜택을 받지 못해 비참한 생활을 이어가는 복지의 사각지대를 없앨 수 있다.

기본소득은 열심히 일하고 악착같이 저축한 자가 각종 복지 혜택에서 소외되는 '복지의 역설'을 해소할 수도 있다. 현재의 복지제도는 저소득층을 중심으로 설계돼 있으며, 우리 사회는 이것을 당연시해 왔다.

물론 우리 사회는 자신이 통제할 수 없는 갖가지 불행 탓에 빈곤층으로 전락한 사람이 다시 일어설 수 있도록 도와야 한다. 하지만 저소득층이라고 다 불운한 것은 아니다. 저소득층 중에는 열심히 일하지도 저축하지도 않은 사람이 적지 않으며 상당 부분의 복지 혜택은 이런 사람들에게 돌아간다. 남보다 더 노력해 많은 소득을 올리고 현재의 욕구를 억누르는 대신 미래를 위해 저축을 늘림으로써 재산을 형성한 사람은 세금만 많이 낼 뿐 각종 복지 혜택에서 제외된다. 나라에 대한 기여도는 높은데 나라로부터 혜택은 받지 못하는 '역설'이 발생하는 것이다.

기본소득은 고소득층의 이런 불만을 다소나마 해소해 줄 수 있다. 내가 낸 세금의 일부를 돌려받음으로써 소득의 예측 가능성이 높아지고 나라로부터 최소한의 혜택을 받고 있다는 믿음을 가질 수 있다는 것이다. 이는 조세 회피를 줄이고 나라에 대한 자긍심을 높여줄 수 있다.

기본소득의 개념, 기원 등 철학적 차원의 논의는 무수히 많아 더 이상 거론하는 것이 시간 낭비라는 생각이 들 정도다. 한 가지 확실한 것은 기본소득의 필요성에 대한 논의가 이념(보수 진영이든 진보 진영이든)을 막론하고 치열하게 전개되고 있다는 점이다.

문제는 실현가능성인데, 가장 핵심적인 것은 '재원 조달', 즉 '돈 문제'다. 코로나19 지원금 지급을 둘러싼 정치적 논쟁에서 볼 수 있듯이 한국의 경우에는 재원 조달에 대한 논란이 특히 첨예하다. 심각한 자본 유출을 겪었던 1997년 외환위기와 2008년 글로벌 금융위기의 과정에서 깨달은 재정건전성의 중요성, 소규모 개방경제라는 경제구조의 특수성 때문이다.

첫걸음부터 완벽할 수는 없다. 새로운 제도를 도입하기 위해서는 반대파의 주장도 일정 부분 수용해야 한다. 반대파가 설사 소수에 불과하다더라도 그렇다. 정치란 결국 협상과 타협의 산물이기 때문이다. 민주주의 사회에서 처음부터 완벽한 제도를 도입하겠다는 것은 아무것도 하지 않겠다는 포기 선언과 다름없다.

결국 정치적 타협을 염두에 둔다면 우선 재정건전성을 크게 해치지 않는 범위에서 기본소득을 도입한 뒤, 지급액을 조금씩 늘려 나갈 수밖에 없다. 재정건전성 유지를 전제 조건으로 하기에 초기에는 그 액수가 기본적인 생계를 보장하기에 미흡할 수도 있다. 하지만 적은 액수나마 일정한 주기로 일정한 소득을 보장함으로써 불확실한 시대를 살아가는 국민들에게 미진할지라도 생계의 '확실성'을 보장해 준다면 그로부터 파생되는 이익은 훨씬 클 것이다.

이 책은 기본소득의 재원 마련이라는 과제에 주안점을 두었다. 그리고 기본소득이 도입될 때 국민들이 누릴 수 있는 작지만 실질적인 이익에 대해서도 기술했다. 기본소득에 대한 철학적 논의는 가급적 줄였다. 수없이 많은 저서와 논문들이 기본소득의 철학적 의의와 도입 필요성, 외국의 사례 등을 자세히 소개하고 있어 더 이상의 언급은 불필요하다는 생각에서다.

이 책은 2022년 초 저자가 발행한 '기본소득, 우리도 할 수 있다'의 확장판이다. 상당 부분은 기존 책과 내용

이 유사하지만, 일부 숫자를 업데이트하고 다양한 논점
을 추가적으로 다뤘다.

기본소득이란 무엇인가

기본소득은 논자마다 그 정의가 다르고 수많은 변종이 있지만 일반적으로는 '모든 시민이 빈곤선 이상의 생활수준을 유지할 수 있도록 일정한 주기로 지급하는 현금급여' 또는 '모든 개인들에게 소득심사나 재산심사는 물론 노동 의무나 요구 등의 조건 없이 일정 주기로 무조건적으로 지급되는 소득'을 의미한다.[1]

기본이라는 단어는 어떤 사람이 극단적인 상황(예컨대 갑작스런 실업)에서도 생존할 수 있는 금액을 가리킨다. 완전한 경제적 풍요가 아니라 생존에 필요한 기본적인 수입, 또는 가난을 딛고 일어설 수 있는 최소한의 기반을 마련해 준다는 의미다. 완전한 경제적 풍요의 제공은 가능하지 않을 뿐더러 바람직하지도 않다. 다만 최소한의 수입이 어느 정도인지는 장소와 시기에 따라 다를 것이다. 또한 국가가 처한 경제적 상황에 따라 지급할 수 있는 액수에 차이가 있을 수도 있다.

기본소득은 그 정의상 몇 가지 원칙을 내포하고 있다.

첫째, 현금 지급의 원칙이다. 사용처가 제한된 바우처

---

1) 《기본소득》, 가이 스탠딩, 창비, 2018

나 현물은 실질적인 자유를 제공한다는 기본소득의 취지와 맞지 않는다. 수급자가 누리는 효용도 현물은 현금보다 적을 수밖에 없다. 정부가 특정 품목의 소비를 유도 내지 강제한다는 점에서 시장경제 원칙에도 어긋난다.

정부는 종종 '복지'라는 미명하에 특정 품목에 사용처가 제한된 바우처 등을 지급한다. 이 정책은 특정 품목의 소비를 늘리는 정책(정부가 바람직하다고 생각하는 품목)과 복지라는 정책, 두 가지 목표를 동시에 달성하려는 선한 의지로 포장된다. 하지만 이런 선한 의지는 실생활에서 제대로 작동하지 않을 뿐 아니라 실제로 선한 의지인지도 불분명하다.

하나의 사례를 보자. 정부가 소비 진작을 위해 가장 자주 사용하는 정책이 전통시장 상품권이다. 이 상품권은 말 그대로 전통시장에서만 사용할 수 있다. 하지만 대부분의 소비자들은 전통시장보다는 다양한 품목을 한 번에 살 수 있고 쇼핑하기에도 편리한 대형마트나 백화점을 선호한다. 결국 상당수의 소비자들은 전통시장 상품권을 '상품권 구입 판매 전문점'에 할인된 가격으로 판매해 현금화한다. 소위 '상품권 깡'이다. 정부는 전통시장 활성화라는 정책 목표를 달성하지 못하며, 수급자도 상품권 액수만큼의 효용을 누리지 못한다. (할인된 가격에 판매

했기 때문에)

'상품권 깡'이 조직화되면서 국고가 줄줄 새고 있다는 언론 보도가 나온 적도 있다. 전통시장 상품권은 5~10% 할인된 가격으로 소비자에게 판매되는데, 이들 상품권을 대량으로 매입한 뒤 은행에 제시해 현금화하는 방법으로 액면가와 할인 가격과의 차액을 챙기는 일당까지 등장해 경찰이 대대적인 수사에 나섰다는 것이다.

(그런데 경찰이 아무리 열심히 수사를 한다 한들 이런 상품권 깡이 사라질까? 그럴 수 없다. 전통시장 상품권은 전통시장 활성화라는 목적상 사용처가 제한돼 있기 때문에 액면가보다 다소 할인된 가격에 판매될 수밖에 없고, 결국 액면가와 할인가와의 차액을 이용해 손쉽게 돈을 벌겠다는 유혹은 누구에게나 달콤하다. 일부의 일탈이 아닌 구조적인 문제라는 얘기다. 경찰이 수사하는 상품권 깡은 빙산의 일각일 가능성이 높다.)

왜 이런 문제가 생길까. 전통시장 상품권 지급이라는 하나의 정책으로 전통시장 활성화와 복지라는 두 가지 목표를 달성하려 했기 때문이다. 하나의 정책으로 두 가지 목표를 달성하려 하면 어느 하나의 목표도 달성하지 못한다. 복지를 확대하려면 상품권 대신 현금으로 지급해 수급자가 자유롭게 소비할 수 있도록 해야 한다. 전통시장 활성화는 상품권 지급이 아닌 다른 정책 수단을 사용해야 한다. 전통시장에서 판매하는 품목을 확대하거나, 쇼핑 환경을 개선하기 위해 시설을 현대화하거나, 대형마트에는 없는 경쟁력 있는 상품을 판매할 수 있도록 지원하는 등 별도의 정책이 필요한 것이다.

정부는 이런 사정을 모를까. 아니다. 너무나 잘 알고 있다. 하나의 정책으로 두 가지 목표를 달성할 수 없다는 이론은 경제학 원론에도 나온다.

경제학 원론에 소개된 '틴버겐의 법칙(Tinbergen's rule)'은 정부가 보유한 정책 수단이 정책 목표보다 많거나 같을 때만 경제 정책이 제대로 효과를 발휘할 수 있다는 이론이다. 한마디로 한 가지 수단으로 두 가지 목표를 달성할 수 없다는 말이다. 행정고시까지 합격한 경제 관료들이 이 법칙을 모를 리 없다. 그런데 왜 이런 정책이 사라지지 않을까. 하나는 한정된 예산으로 전통시장도 살리고 복지도 늘리고 있다는 정책 홍보를 하기에 안성맞춤이기 때문이다. 또 하나는 여기에 맞장구치는 정치권의 포퓰리즘이다.

전통시장을 살리겠다며 대형마트의 영업시간을 규제하는 것도 마찬가지다. 소비자들의 불편만 가중시키고 전통시장을 살리지도 못한다. 전통시장 활성화는 전통시장 상품권 지급이나 대형마트 영업 규제가 아닌 전통시장의 경쟁력을 높이는 정책으로 추구해야 한다.

실질적 자유를 확대하고 기본적 복지를 제공한다는 측면에서 기본소득은 사용처가 제한된 바우처나 현물이 아닌 현금으로 지급해야 한다. 특정 품목의 소비를 유도하거나 특정 장소에서의 사용을 장려하기 위해 바우처 등으로 지급하는 것은 최소한의 생계 보장 내지 실질적 자유의 증진이라는 기본소득의 취지와 배치된다.

둘째는 개인 지급의 원칙이다. 우리나라 복지제도를 보면 수혜의 대상이 개인이 아닌 가구인 경우가 많다. 또 지급액이 가구원수에 비례해서 늘어나지 않고, 부양가족이 있으면 지급 대상에서 제외되기도 한다. 가장 기본적인 복지 정책인 기초생활보장제도가 대표적인 예다.(기초생활보장제도의 부양의무자 기준은 2015년부터 급여 종류별로 단계적으로 폐지됐다. 하지만 의료급여에서는 여전히 적용되고 있다)

이는 개인의 실질적 자유 증진이라는 기본소득의 목적이나 개인화되어 가는 사회 트렌드에 부합하지 않는다. 특히 가구를 이루고 사는 부부나 가족에게 불리하다는 점에서 문제가 심각하다. 한쪽에서는 결혼 기피 현상이나 저출산 현상을 해소해야 한다며 막대한 돈을 쏟아 부으면서 한쪽으로는 동거하는 가족을 복지 혜택에서 역차별하는 이상한 정책이다.

셋째, 동일 금액 지급 원칙이다. 소득이 많다고 해서 지급액을 줄이거나 소득이 적다고 해서 더 많은 금액을 지급하지 않는다. 우리나라는 선별복지를 원칙으로 하다 보니 소득이 많을수록 복지혜택이 줄어드는 경우가 많다. 하지만 이는 개인의 근로의욕과 저축의지를 꺾는 역효과를 낸다. 기초생활보장제도와 기초연금 등 대부분의 복지정책은 일정 소득이 생기면 지급액을 깎는 구조로 돼 있다.

열심히 일하고 저축한 사람의 복지혜택을 줄이거나 배제하는 것은 사실 공정하지 못하다. 예를 들어 젊을 때 열심히 일하고 소비를 줄여 노후를 위한 집과 각종 금융자산을 모은 A씨와 젊을 때 열심히 일하지 않고 방탕하게 생활해 노후 대비를 못한 B씨가 있다고 하자. 현행 복지제도하에서 B씨는 재산이 없다는 이유로 복지혜택을 받을 가능성이 높은 반면 A씨는 복지혜택에서 제외된다. 이를 공정하다고 할 수 없다. 더구나 세금은 A씨가 B씨보다 훨씬 더 많이 냈을 것이다. 물론 가난한 사람 모두가 B씨처럼 게으르고 헤픈 생활을 한 것은 아닐 수도 있다. 열심히 일하고 아꼈음에도 수많은 불운이 겹쳐 가난의 늪에 빠진 사람도 적지 않을 것이다. 그러나 특별한 장애가 있지 않는 한 대부분의 가난은 불운보다는 본인의 노력 부족에서 나온다. 또한 국가는 어떤 사람의 가난이 불운 탓인지 게으름 탓인지 판별할 수 없고, 그럴 능력을 가져서도 안 된다. 따라서 개인에게 동일한 금액의 복지를 지급하는 것이 노동의욕과 저축의지를 꺾지 않으면서도 복지의 공정을 유지하는 방법이다. 앞서 언급했듯이 가구원 수가 많다고 해서 복지혜택을 줄이는 것도 동일 금액의 원칙을 어기는 것이다.

모든 개인에게 동일 금액을 지급하는 것이 기본소득이라고 한다면 분명 선별복지를 추종하는 자들은 이렇게 반문할 것이다. "부자와 빈자에게 모두 동일 금액을 지급하면 소득 재분배는커녕 소득격차를 더 확대시킬 것이다. 가난한 사람에게 더 많은 금액을 지급해야 소득격차를 완화시킬 수 있다."

일견 맞는 말처럼 들린다. 하지만 소득분배를 꼭 복지를 통해 해야 하는 것은 아니다. 우리는 이미 조세제도 등을 통해 소득분배를 실행하고 있다. 뒤에 언급하겠지만 복지는 기본소득과 같은 보편복지로 나아가되 조세정책을 통해 소득재분배를 하는 것이 행정 비용 절감 등 여러 면에서 더 효과적이다.

넷째, 무조건의 원칙이다. 기본소득을 지급한다는 명분으로 구직 노력을 했다는 증명이나 소득 내지 재산 증명을 요구해서는 안 된다. 기본소득은 어떤 의무를 전제로 하지 않는다.

이는 소득이나 재산 상태, 구직 노력 등과 무관하게 기본소득을 지급해야 한다는 의미다. 재벌 총수든, 거리의 부랑자든 동일한 액수를 지급한다는 것이다. 기본소득은 저소득층을 대상으로 하는 선별복지가 아니며 재산이 많든 적든, 국가가 국민에게 최소한의 생계를 보장해 주는 제도이기 때문이다.

재벌 총수가 경영에 실패해 거지가 될 경우 자신이 거지가 됐다는 증명을 하지 않더라도 기본소득이라는 사회적 안전망의 혜택을 누릴 수 있으며, 반대로 거리의 부랑자가 로또에 당첨되거나 일자리를 구해 소득이 생겨도 기본소득은 그대로 지급된다는 것이 바로 무조건의 원칙이다. 이는 소득의 예측가능성을 높이며, 복지 혜택을 받기 위해 일하기를 포기하는 도덕적 해이를 차단한다.

가난하다는 증명을 필요로 하지 않으므로 신청자의 소득 내지 재산 상황을 조사하기 위한 행정비용도 들지 않는다. 공무원 인건비를 줄일 수 있다는 얘기다. 따로 신청을 할 필요가 없으므로 가난하거나 무능력한 사람이라는 주의의 시선을 의식하거나 스스로 자괴감을 느낄 필요가 없다. 복지 혜택을 받음으로써 자신이 가난한 사람이라는 것을 타인이 알게 되는 '낙인효과'가 없다는 뜻이다. 소득과 재산을 축소 내지 은폐한 사람에게 복지 혜택을 주는 '역선택'도 원천적으로 사라진다.

아무런 노력도 하지 않은 사람, 또는 재벌에게 기본소득을 지급하는 것이 합당하냐는 반론이 있을 수 있다. 이에 대해서는 책의 뒷부분에서 좀 더 자세히 다룰 예정이다.

일단 기본소득은 모든 국민에게 최소한의 생계를 보장하고 실질적인 자유를 확대한다는 목적에서 지급되는 보편 복지이지 저소득층을 대상으로 하는 선별복지제도도, 구직수당도 아니라는 점만 언급하겠다.

기본소득의 철학적 기반
- 선별복지의 역설을 넘어서 -

　기본소득은 특정 철학자나 경제학자의 사상적 전유물이 아니다. 인간다운 생활을 위한 최소한의 생계 보장과 선별복지의 문제점, 4차 산업혁명 시대 노동 형태의 변화와 고용 불안정성 확대 등에 대해 관심을 갖고 있는 사람이라면 누구나 상상할 수 있는 대안적 복지 체계이다.

　근대로 한정해서 보면 1517년《유토피아》를 출간한 토머스 모어, 18세기말 정치 사상가로 '공유재산의 균등한 분배'를 주장한 토머스 페인, 19세기 후반 경제학자 헨리 조지 등이 기본소득의 아이디어를 제공한 학자로 거론된다. 하지만 이들의 사상은 생산 수단이 주로 토지였던 시기에 나온 주장들이어서 오늘날의 기본소득과는 그 개념 자체가 다른 만큼 구체적으로 기술하지는 않겠다.

　필자는 존 롤스의 사상이 기본소득의 아이디어와 철학적으로 가장 유사하다고 생각한다. 롤스는 "가장 합리적인 정의의 원칙은 모두가 공정한 위치에서 받아들이고 동의하는 것"이라고 했다. 롤스 사상의 핵심 단어는 '무

지의 베일'이다.[2]

무지의 베일이란 어떤 정책이 자신에게 유리한지 불리한지 모르는 상황을 가리킨다. 한마디로 나에게 어떤 재능이 있는지, 물려받을 부모의 재산은 얼마나 있는지 등을 전혀 모르는 상태인 것이다. 무지의 베일 상태에서 사람들은 자신이 생계조차 유지하지 못하는 최하층으로 떨어지지 않을까 우려한다. 이 때문에 롤스는 복지와 같은 공공정책은 최소 극대화의 원칙하에 세워져야 한다고 주장한다.

즉 모두가 자신의 능력과 운을 모르는 상태에서 소득 재분배 규칙을 정한다면 극빈층도 비참하게 살지 않을 정도의 복지 시스템을 만들자는 데 합의할 것이라고 추론할 수 있다.

모든 사람에게 최소한의 생활을 영위할 수 있는 소득을 보장하되, 현재의 선별복지 내지 현물복지의 부작용을 없애고 특별한 증명을 요구하지 않으며 소득의 예측 가능성을 높여준다는 원칙을 더하면 개개인에게 조건 없이 현금으로 돈을 지급하는 기본소득의 도입이 필요하다는 결론에 도달할 수 있다.

최근 들어 기본소득이 더욱 주목받는 이유는 여러 가

2) 《기본소득》, 가이 스탠딩, 창비, 2018

지다. 우선 '인공지능(AI) 주도의 자동화', 정규직보다 필요에 따라 계약직 혹은 임시직으로 사람을 고용하는 경향이 커지는 긱 경제(Gig Economy)의 확산 등을 들 수 있다.

미국 백악관 경제자문위원회(CEA)는 AI 기술로 인해 앞으로 시간당 20달러 이하의 일자리는 83%, 20~40달러의 일자리는 31%가 사라질 것으로 전망했다. 앞으로 세상은 로봇을 소유한 1%와 일자리를 얻지 못한 99%의 사회로 나누어질 것이라는 디스토피아적인 전망도 있다.

AI 시대의 도래가 전체 일자리 수를 감소시킬 것이라는 견해에는 선뜻 동의하기 어렵다. 하지만 저소득층일수록 일자리를 잃을 가능성이 크며, 안정적인 일자리와 연공서열에 기반한 전통 경제에 큰 변화가 일어나고 있다는 점만은 분명하다. 이런 상황에서 조건 없이 지급하는 기본소득은 최소한의 안전망이 되어 줄 수 있다는 게 기본소득 옹호론자들의 주장이다.

기존 선별복지제도의 부작용도 기본소득이 화두로 떠오른 이유다. 앞서 언급했지만 선별복지는 자신이 가난하다는 것을 증명해야 하는 '낙인효과', 복지 혜택을 계속 받기 위해 일자리 얻기를 꺼리는 '도덕적 해이', 소득과 재산을 축소·은폐한 자에게 복지 혜택을 주는 '역선택' 등의 문제를 안고 있다. 수급자 선별을 위한 행정 비용이 증가하고, 가구원 수가 많아질수록 1인당 혜택은 줄어들며, 수급자 선정 기준을 둘러싼 사회적 갈등이 확산되는 점 등도 문제로 지적되면서 기본소득이 주목받고 있는 것이다. 무엇보다 선별복지제도하에서는 열심히 일해 세금을 많이 낸 사람이 오히려 복지 혜택에서 배제(복지의 역설)되는 불공정의 문제가 필연적으로 발생한다.

기본소득 도입의 필요성을 뒷받침하는 또 하나의 논거는 'The simpler, the better'라는 철학이다. 단순할수록 더 효율적이라는 것이다. 이는 주로 보수주의적 입장을 취하는 자유주의자들이 주장하는 논거다. 제도가 복잡할수록 제도의 집행자나 수급자 모두 제도에 맞춰 행동을 바꾸게 되고 이는 비효율을 유발하는 반면 제도가 단순하면 행동을 바꿀 유인이 없어 효율이 극대화된다는 것이다. 앞서 살펴본 역선택, 도덕적 해이, 행정비용 등이 바로 비효율을 유발하는 대표적 사례들이다. 복지 제도가 단순화되면 이런 비효율이 사라져 복지 효과를 극대화하고 비용을 절감할 수 있다는 것이 자유주의자들의 주장이다. 이런 측면에서 자유주의자들은 기존 복지를 기본소득으로 대거 대체하자고 주장한다.

　아마도 기본소득은 사회안전망 강화라는 측면에서 바라보는 진보(또는 좌파)적 관점과 비효율의 제거라는 측면에서 바라보는 보수(또는 우파)적 관점의 중간 어디쯤에서 도입될 것이다.

모든 사람에게 나눠 주자고?
그럼 돈은 어디서?

    기본소득을 지급하기 위해서는 누군가에게서 돈을 걷어야 한다. 그렇다고 세율을 무작정 올릴 수는 없다. 한국의 최고 소득세율은 45%에 달한다. 각종 공제제도와 초과 누진세율 탓에 실질 세율은 이보다 낮지만 준조세 격인 각종 사회보험료까지 포함하면 명목 세율이 50%에 육박한다. 면세자 비율이 40%에 달하는 등 세 부담이 특정 계층에 쏠려 있는 것도 문제로 지적된다.

    여기에 추가로 소득세율을 올려 번 돈의 절반 이상을 세금으로 내라고 한다면 '조세저항'이 만만치 않을 것이다. 사회적 수용가능성 측면에서 보면 세율 인상보다 기본소득과 중복되거나 불합리한 각종 공제 혜택을 정비하는 것이 더 나을 수 있다.

    법인세를 올리기도 쉽지 않다. 법인세율의 과도한 인상은 기업의 엑소더스와 투자 저하를 불러올 수 있다. 법인세 변경은 경쟁국 세율도 감안해야 하기 때문에 우리나라 단독으로 결정하기 어려운 문제이기도 하다.

    국채를 발행하는 등 나라 빚을 늘릴 수도 있지만 소규

모 개방경제인 우리나라에는 이 역시 간단치 않은 문제다. 과거 외환위기, 글로벌 금융위기 등의 사례에서 보듯이 우리나라는 외국 자본의 공격에 취약하며, 재정건전성은 이런 공격을 막아주는 중요한 방패 중 하나이기 때문이다.

따라서 외부 차입과 새로운 세목 신설, 세율 인상 없이 기본소득 재원을 마련할 방법을 찾아야 한다. 이 책의 목적은 바로 기본소득 재원 마련 방법을 고민해 보는 것이다.

외부 차입과 세목 신설, 세율 인상 없이 기본소득 재원을 마련하는 방법은 크게 두 가지다. 하나는 기본소득과 중복되거나 불합리한 각종 세제 혜택을 축소하는 것(세율 인상은 아니지만 이것도 증세의 일종이라는 점은 분명하다.)이고, 또 다른 하나는 기존 복지제도를 구조조정하는 것이다.

이 책에서는 각 개인에게 지급하는 기본소득 규모를 정한 뒤 그에 맞춰 재원을 마련하는 방법을 취하지 않는다. 이는 재정건전성 유지라는 대전제에 맞지 않는 접근 방식이기 때문이다. 그 대신 얼마가 됐든 기본소득이 도입된다는 것을 전제로 한 뒤, 기본소득과 그 취지가 중복되는 각종 세제 혜택과 복지제도를 구조조정해 조달 가능한 재원을 산출하는 방식을 취했다. 시장에 가격 왜곡을 초래하는 이상한 복지제도도 구조조정 대상에 포함시켰다. 이들 재원을 산출한 뒤 인구수대로 나눠 기본소득을 균등하게 지급하자는 논리다.

그렇다면 기본소득과 중복되는 각종 세제 혜택(소득공제, 세액공제 등), 복지 지출이 무엇인지부터 알아봐야 한다.

모든 개인에게 정부가 소정의 기본소득을 지급한다고 가정해 보자. 기본소득은 모든 개인이 아무 조건 없이 정부로부터 지급받는 돈이다. 어떤 개인이 생계 곤란의 처지에 놓였을 때 부모나 자녀 등 가족으로부터 생계를 의존하는 것이 아니라 국가가 개개인의 생계를 어느 정도 책임져주는 것이다. 개개인에 대한 부양 의무를 국가가 지는 것으로 이른바 사적 부양에서 공적 부양으로의 전환이다. 다시 말하자면, 소득이나 재산이 많든 적든 최소한의 생계비는 정부가 책임지겠다는 것이다.

기본소득을 이렇게 정의하면 세제 혜택과 복지제도 중 기본소득 도입과 함께 폐지하거나 줄여야 할 항목이 무엇인지 골라낼 수 있다. 이렇게 폐지 또는 축소한 세제 혜택과 복지를 기본소득 재원으로 활용하면 된다. 세제

와 복지의 구조조정을 통해 기본소득 재원을 마련하자는
것이다.

기본소득과 중복되는 세금을 정비하자

1) 인적공제

세금부터 보자. 우선 소득공제 중 인적공제가 있다. 인적공제는 다시 기본공제와 추가공제로 나뉜다. 인적공제는 그 취지상 기본소득과 중복되는 측면이 적지 않다.

기본공제는 배우자와 부모, 자녀, 형제자매 등 가족이 있을 경우 소득에서 일정액을 공제해 과세 표준을 낮추어주는 것이다. 즉 어떤 개인이 가족을 부양하는 데 들어가는 비용을 일정 부분 인정해 세금을 줄여준다는 취지다.

기본소득이 도입되면 기본공제의 필요성은 사라진다. 가족에 대한 부양 의무가 개인에서 국가로 일정 부분 넘어가기 때문이다. 앞서 언급한 것처럼 사적 부양이 공적 부양으로 바뀌는 것이다. 예컨대 A라는 직장인이 월급으로 부모와 배우자, 자녀를 부양한다고 생각해 보자. 현재의 기본공제는 A씨의 부양 부담을 덜어주기 위해 세제 혜택을 부여하는 것을 그 취지로 한다. 하지만 기본소득이 도입되면 부모와 배우자, 자녀에게 매달 일정한 돈이 정부로부터 지급된다. 이렇게 되면 A씨의 부양 부담은 줄어든다. 이런 사정은 만 70세 이상의 부양가족이 있을 경우 공제액을 확대해 주거나 저소득 미혼 여성이 부모를 부양하는 경우 공제액을 확대해 주는 추가공제도 마찬가지다.

현재의 인적공제는 그 자체로도 일정한 문제를 안고 있다. 실제로 부모와 같이 살지 않거나 부모에게 생활비를 지급하지 않는데도, 국세청에 부모를 부양가족으로 등록한 뒤 공제를 받는 경우가 대표적이다. 이 경우 부양 의무를 지지 않는데도 세제 혜택을 받게 되고 그 세제 혜택으로 인한 이익은 피부양자(부모 등)가 아니라 부양자에게 돌아간다.

국세청 국세통계연보자료를 보면 소득공제 가운데 인적공제 금액은 54조 원에 달한다. 물론 소득공제이므로 이 금액만큼 세금을 덜 내는 것은 아니다. 실제 세금 감면액은 해당 납세자에게 적용되는 세율에 따라 달라진다. 납세자마다 적용되는 세율이 다르기 때문에 현재 공개된 자료만으로는 인적공제로 인한 전체 세금 감면 규모를 알 수는 없다. 따라서 대략적인 추정으로 짐작해 볼 수밖에 없다. 소득세율은 최저 6%에서 최고 45%까지 다양하다. 과표 구간은 8단계다. 국세통계연보에 따르면 대부분의 납세자는 과표 2,000만 원 이상 8,000만 원 이하에 몰려 있으며, 이 구간의 세율은 15%에서 24% 정도다. 15%의 세율을 적용하면 인적공제로 약 8조 1,000억원의 세제 혜택이 이뤄지고 있음을 알 수 있다. 인적공제를 정비하면 보수적으로 잡아도 이 정도의 재원을 마련할 수 있다는 뜻이다.(소득공제 혜택을 축소하면 자연스럽게 과세 표준이 올라가고 이는 적용되는 세율을 높이거나 면세자를 줄이는 효과가 있다. 이렇게 되면 납부세액이 늘어나 기본소득 재원으로 활용할 수 있는 돈도 증가한다. 하지만 이로 인해 늘어나는 재원이 얼마인지는 추정이 불가능해 논외로 하겠다.)

소득공제 중 인적공제

	인원(명)	금액(원)
기본 공제	1,849만 5,294	47조 5,702억 2,000만
추가 공제	447만 3,632	6조 6,207억 8,700만
계	1,849만 5,294	54조 1,910억 700만

* 자료 : 2019년 국세통계연보

2) 신용카드 공제

또 하나는 조세특례제한법(조특법)상 '신용카드 등 소득공제'가 있다. 이 소득공제액은 약 25조 원에 달한다. 신용카드 소득공제의 도입 취지는 카드 사용을 활성화해 자영업자의 세금 누락을 막음으로써 세원을 발굴하는 데 있다. 신용카드 사용을 장려하면 자영업자들의 소득이 투명해지고, 그렇게 되면 근로자와 자영업자의 세금 형평성을 높일 수 있다는 취지였다. 하지만, 이 제도는 이미 그 도입 취지를 달성해 더 이상 운영할 필요가 없다. 오늘날 현금으로 물건을 결제하는 경우는 극소수에 불과하다. 또 신용카드 공제는 다른 소득공제처럼 고소득자일수록 더 많은 혜택을 받는 문제점이 있다. 기본소득 도입과 함께 폐지해도 더 이상 큰 문제가 없다. 신용카드 등 소득공제액은 25조 2,609억 2,900만 원에 달하며 혜택 받는 납세자수는 1,027만 7,093명이다.

신용카드 소득공제로 인한 세 부담 경감 규모는 정부의 조세지출예산서에 나와 있는데, 2020년 2조 4,698억 원에 달했다. 2021년에는 코로나19 대응을 위해 2020년도 사용분에 대한 공제율과 공제한도를 한시 상향해 공제액이 크게 늘었다. (신용카드 소득공제액은 매년 큰 폭으로 증가하는 대표적인 세제 혜택 항목이다. 이 때문에 정부는 수차례 축소 내지 폐지를 시도했으나 국회 문턱을 넘지 못했다.)

같은 논리로 신용카드 등의 사용에 따른 부가가치 세액공제도 폐지 가능하다. 신용카드 세액공제는 개인사업자가 발급하는 매출 전표 등 발급 금액의 일정 비율을 납부세액에서 공제해 줌으로써 자영업자의 세 부담을 경감시켜 주는 제도로 영세 개인사업자를 배려해 주기 위해 도입됐다. 하지만 이 제도가 영세 사업자의 경쟁력을 높이는 효과가 있는지 불분명하고, 경쟁력 강화는 세출 예산 사업으로 하는 것이 타당하다. 때문에 이 제도는 축소 내지 폐지해야 한다는 의견이 제기돼 왔다. 신용카드 세액공제액은 2020년 2조 3,473억 원이다. 정부는 신용카드 세액공제를 적극적 관리 대상으로 분류하고 있다. 폐지 대상 1순위라는 것이다.

조특법상 소득공제 중 신용카드 등 소득공제액

(단위 : 원)

2020년	2조 4,698억
2021년	3조 1,882억

* 자료 : 2022년 및 2023년 조세지출예산서

3) 근로소득공제

　근로자에게 일정 생계비를 보장해 준다는 취지로 도입된 근로소득공제는 소득공제에서 큰 비중을 차지하는 항목 중 하나다. 기본소득과 중복되는 항목이어서 기본소득 도입 시 폐지해야 할 세제 혜택이다.

　근로소득공제는 과세 대상 근로소득에서 차감하는 항목이다. 다시 말해 과세 대상 근로소득에서 근로소득공제를 차감해 근로소득금액을 산출한 뒤 여기서 소득공제액을 차감해 과세 표준을 구한다. 용어는 복잡하지만 실질적으로는 일반 소득공제와 큰 차이가 없다.

　공제액은 약 170조 원에 달한다. 세율 15%를 적용하면 25조 5,000억 원 가량을 실제 혜택으로 추정해 볼 수 있다.(이 부분 역시 소득공제와 마찬가지로 공개된 자료만으로는 정확한 계산이 불가능하며 대략적인 세율을 곱해 추정해 볼 수밖에 없다. 근로소득공제를 없애면 인적 공제와 마찬가지로 과세 표준이 높아져 적용 세율이 올라가고 면세자가 줄어들어 세수가 늘어나는 효과가 있지만 이는 논외로 한다.)

근로소득공제

인원(명)	1,849만 5,748
공제액(원)	170조 5,680억 8,300만

* 자료 : 2019년 국세통계연보

4) 세액공제 중 근로소득세액공제

소득공제 다음으로는 세액공제가 있다. 세액공제는 과세 표준에 세율을 적용한 산출세액에서 일정액을 공제해주는 것이다. 산출세액에서 세액공제를 빼면 비로소 납세자가 최종 납부할 결정세액이 정해진다.

소득공제는 과세 표준을 줄여주며 세액공제는 결정세액을 낮춰준다. 소득공제는 과표를 줄여 주기 때문에 높은 세율을 적용받는 고소득자에게 유리한 반면, 세액공제는 그 액수만큼 세금을 줄여주므로 저소득자에게 상대적으로 유리하다. 하지만 세액공제가 저소득자에게 유리하다는 것은 절반은 맞고 절반은 틀린 얘기다.

예컨대 연간 소득 3,000만 원인 A씨의 산출세액이 100만 원이라고 가정하자. 소득에서 각종 소득공제를 받고 산출된 과세표준에 세율을 적용한 게 산출세액이다. 그리고 A씨가 받을 수 있는 세액공제는 의료비, 교육비, 각종 보험료 등을 더해 총 150만 원이라고 하자. 이 경우 A씨가 세액공제 받을 수 있는 액수는 150만 원이 아닌 100만 원이다. 세액공제를 받을 액수가 아무리 많아도 자신이 내야 할 세금을 넘어서까지 공제를 해 주지는 않기 때문이다.

반면 연간 소득이 3,500만 원이며 산출세액은 150만 원이고, 세액공제 액수가 A씨와 동일한 150만 원인 B씨의 경우 150만 원 전액을 세액공제 받을 수 있다. 산출세액과 세액공제액이 같아 전액을 공제받을 수 있는 것이다. 따라서 소득이 많은 B씨가 A씨보다 더 많은 혜택을 받는다. 기본소득과 중복되는 세액공제 항목을 줄이는 것이 저소득층에게 무조건 불리하지는 않다는 것이다.

세액공제는 우선 근로소득세액공제가 있다. 이 역시 근로소득 가운데 생계비를 일정 부분 보전해주는 것으로 근로소득공제와 중복되는 항목이다.

근로소득세액공제는 과세 표준에 세율을 곱한 후 또다시 세금을 공제해 주는 것으로 근로소득세액공제 금액은 약 6조 7,700억 원이다. 이 금액은 순수하게 세금에서 제외된 금액이다.

근로소득세액공제

인원(명)	1,646만 2,139
공제액(원)	6조 7,710억 1,100만

* 자료 : 2019년 국세통계연보

5) 자녀세액공제

기본소득 도입 시 자녀세액공제와 자녀장려금도 폐지 대상이 될 수 있다. 자녀세액공제는 종합소득이 있는 거주자에게 기본공제 대상자에 해당하는 자녀(7세 이상)가 있는 경우, 자녀 1명은 연 15만 원, 2명은 연 30만 원, 3명 이상은 연 30만 원과 2명을 초과하는 1명당 연 30만 원을 세금에서 빼 주는 것이다.

자녀장려금은 저소득가구의 자녀 양육에 대한 부담을 덜기 위해 자녀 1명당 최대 70만 원을 지급하는 제도다. (소득이 많을수록 금액은 줄어든다.) 부양 자녀가 만 18세 미만인 경우에 해당돼야 한다. 다만 자녀장려금을 신청해 수령한 경우에는 자녀세액공제를 받을 수 없다. 자녀세액공제를 신청하고 자녀장려금도 중복하여 신청하면 자녀장려금 중 자녀세액공제를 차감하고 연말정산이 이뤄진다.

이들 제도는 소득공제의 항목인 인적공제와 중복되는 측면이 있고, 기본소득이 도입되면 부모뿐만 아니라 자녀에게도 매년 일정 금액이 지급되기 때문에 폐지 내지 축소 대상이 될 수 있다.

2021년 기준 자녀세액공제액은 8,568억 원, 자녀장려금 지급액은 6,080억 원이다.

자녀세액공제 및 자녀장려금

(단위 : 원)

자녀세액 공제액	2020년	8,879억
	2021년	8,568억
자녀장려금 지급액	2020년	6,471억
	2021년	6,080억

* 자료 : 2022년도 및 2023년도 조세지출예산서

6) 기부금 세액공제

또 하나의 논란거리는 기부금공제다. 기부금공제는 반드시 없어져야 할 세제 혜택 항목 중 하나다. 기부금이란 타인을 원조할 목적으로 대가를 바라지 않고 재산을 무상으로 주는 것을 의미한다. 기부금공제는 우리 사회에 기부 문화를 확산시키자는 취지에서 도입됐지만 실제로는 세테크와 정치인 또는 종교단체에 대한 기부금을 늘리기 위해 악용되고 있다.

현재 기부금 세액공제의 종류는 선거관리위원회 등에 기부한 정치자금, 법적기부금, 우리사주조합기부금, 지정기부금 등이 있다. 기부금에 세액공제 혜택을 준다는 것은 사실상 기부의 일부를 정부가 세금으로 보전해 준다는 의미다.

기본 세액공제율은 15%이며, 1,000만 원이 넘으면 공제율 30%가 적용된다. 예를 들어 100만 원을 기부하면 15만 원을 공제해 준다는 얘기인데, 이는 '무상과 자발성'이라는 기부의 원칙과 어긋난다.

따라서 기부금공제는 반드시 없애야 할 공제 항목 중 하나다. 2023년도 조세지출예산서를 보면 2021년도 기준 개인기부금 특별세액공제액은 1조 807억 원이다.

같은 논리로 법인세법상 법인기부금의 손금 산입도 폐지해야 할 대상이다. 법인 기부금의 손금 산입 금액은 2020년 8,387억 원이다. 정부는 기부금공제와 손금 산입을 잠재적 관리 항목으로 지정해 관리하고 있다. 공제를 줄이거나 폐지할 필요가 있다는 점을 인정하고 있는 셈이다.

'세제개혁'만으로 최소 48.6조 아낀다

지금까지 기본소득과 중복되는 세제 혜택을 살펴보고 이를 없앴을 때 추가로 더 확보할 수 있는 재원을 살펴보았다.

구체적으로는 인적공제 8조 1,000억 원, 신용카드 사용 등 소득공제 2조 4,698억 원, 신용카드 세액공제 2조 3,473억 원, 근로소득공제 25조 5,000억 원, 근로소득세액공제 6조 7,700억 원, 자녀세액공제 8,568억 원, 자녀장려금 6,080억 원, 기부금공제 1조 807억 원, 법인의 기부금 손금 산입 8,387억 원 등이며 총 48조 5,700억 원에 달하는 규모다.

다만 이 계산은 정확하지 않다. 인적공제 등 소득공제 항목을 없애 조달할 수 있는 재원을 산출할 때 해당 공제 규모에 세율 15%를 일괄적으로 적용했다. 사람마다 적용되는 세율이 다르기 때문에 현실과는 다소 차이가 있다. 현재 공개된 자료로는 적용 세율에 따른 공제액을 알 수 없어 정확한 세금 감면 규모를 산출하는 것이 불가능하다. 다만, 평균 세율보다 낮은 15%를 적용했기 때문에 실제 세금 감면액은 이 책에서 계산한 것보다 많을 가능성이 더 높다. 다만 소득공제이지만 신용카드 사용 등 소득공제, 자녀세액공제 등의 세금 감면 규모는 조세지출 예산서에 적시된 숫자를 사용했다.

또 한 가지 주지해야 할 것은 의료비, 교육비, 각종 보험료(개인연금보험 등) 등의 공제는 기본소득 도입 시 없애거나 축소해야 항목에 포함시키지 않았다는 것이다. 이는 기본소득이 도입되더라도 국민의 건강과 직결되는 의료비, 인재를 육성하기 위한 교육비, 노후 대비를 위한 개인연금 등에 대한 세제 혜택은 유지해야 한다는 필요성을 인정해서다.

우리 사회가 재정건전성 유지를 전제로 도입하는 기본소득은 개인의 생활에 필요한 모든 것을 해결해줄 정도로 그 규모가 크지 않을 것이다. 따라서 기본소득을 도입하더라도, 의료, 교육, 주거 등 일부 가치재(소비로 얻어지는 효용 또는 쾌락은 과소평가된 반면 비효용은 과대평가된 재화나 서비스)에 대한 정부의 지원(특히 저소득층에 대한)은 계속되어야 하며, 이들 항목까지 폐지할 경우 정치적 반발로 인해 기본소득 도입 자체가 불가능할 수 있다는 점도 고려했다.

한 가지 더 고려할 사항은 지금까지의 계산은 근로소득 연말정산을 기초로 산출한 금액이라는 점이다. 어떤 공제 항목을 없앴을 때 근로소득에서 추가로 조달할 수 있는 재원만을 산출했다는 것이다. 즉 자영업자 등의 사업소득은 계산에 넣지 않았다. 신용카드 사용에 대한 소득공제, 자녀세액공제, 기부금 세액공제, 자녀장려금 등은 조세지출예산서에 총 규모가 적시돼 있지만 인적공제는 그렇지 않다. 사업소득까지 고려할 경우 인적공제 폐지로 인한 재원이 더 늘어날 수 있다.

또 여러 번 언급했듯이 각종 공제를 없애면 과세 표준이 올라가면서 적용 세율이 상승하고 면세자가 줄어들어 세수가 추가적으로 증가할 수 있다. (이를 통한 세수 증가는 추정이 불가능해 재원 산출에 감안하지 않았다.)

여기서는 다루지 않았지만 이 외에도 비과세·감면 중에는 정비해야 할 항목들이 무수히 많다. 특히 비과세 항목은 수십 가지에 달하며, 이 중에는 왜 과세하지 않는지 근거가 부족하거나 시대에 뒤떨어진 것들이 적지 않다.

공무원 복지 포인트가 한 가지 예다. 공무원 복지 포인트는 사실상의 소득인데도 세금을 내지 않는다. 반면 민간 직장에서 지급되는 복지 포인트는 과세 대상이다.

국회 기획재정위원회 유경준 의원이 정부 자료를 분석한 결과,[3] 공무원 복지 포인트에 세금을 매겼을 경우 5년

---

3) 조선일보, 2021년 10월 8일,

(2016~2020년) 동안 더 걷을 수 있었던 소득세가 최대 1조 196억 원(공무원 한계 세율 15% 적용), 건강보험료는 4,530억 원이었던 것으로 집계됐다. 이 기간 동안 공무원 1명당 연평균 77만 원, 총 6조 7,974억 원 규모의 공무원 복지 포인트가 중앙직·지방직과 교육직 공무원에게 지급된 것으로 조사됐다. 정부는 공무원 복지 포인트에 과세하면 공무원 연금 확대에 따른 재정 부담이 늘어날 것이라는 궁색한 변명을 내놓고 있다. 공무원 복지 포인트가 세금에 포함되면 사용자인 정부가 같이 부담하는 공무원연금 납부액도 증가한다는 얘기다.

하지만 이는 국민연금에 비해 과도한 공무원연금 납부액과 지급액을 조정해 해결해야 할 문제이지 과세할 곳에 과세하지 않은 방식으로 해결할 문제가 아니다.

이처럼 '소득 있는 곳에 세금 있다'는 원칙만 제대로 지켜도 더 많은 기본소득 재원을 마련할 수 있다.

https://www.chosun.com/national/welfare-medical/2021/10/08/7M422MTJZZEYDMZIC35CCD4YH4/

중복되는 복지제도를 정비하자

　기본소득과 중복되는 각종 복지제도도 대거 축소하거나 폐지해야 한다. 일부 정치인들은 기존 복지제도를 유지하면서 기본소득을 추가 지급하겠다는 공약을 내걸고 있지만 이는 불가능하다. 또 기존 복지제도 중에는 '공정'이라는 가치와 어긋나는 것이 한둘이 아니다.

1) 기초연금

　기초연금은 만 65세 이상 노인 가운데 소득인정액 하위 70%에게 월 최대 30만 원을 지급하는 것이다. 2021년 소득 하위 70%의 기준은 단독가구 월 169만 원 이하, 부부가구 270만 4,000원 이하다.

　소득인정액은 소득평가액과 재산의 소득환산액의 합으로 계산된다. 소득평가액은 근로소득, 사업소득, 재산소득, 공적이전소득, 무료임차소득 등으로 구성된다.

　기초연금제도는 근로 의욕과 저축 의지를 떨어뜨리는 대표적인 역차별 복지 제도다. 젊을 때 열심히 일하고 저축해 재산을 축적하면 은퇴 후(65세 이후) 기초연금을 받지 못할 가능성이 높아진다. 소득 뿐 아니라 보유한 재산까지 소득으로 환산해 소득인정액에 포함시키기 때문이다. 통상 젊은 때 열심히 일한 사람은 세금도 많이 냈을 가능성이 높은데, 오히려 기초연금 수급에서는 손해를 보는 것이다.

국민연금 수급액이 많으면 기초연금을 삭감하는 것도 문제점으로 지적된다. 정부 정책에 따라 열심히 일하고 노후를 위해 국민연금을 열심히 납부한 사람에 대한 역차별로 이 역시 근로 의욕과 저축 의지를 떨어뜨린다.

공무원연금, 군인연금 등 직역연금 수급자의 경우 연금액에 관계없이 본인은 물론 배우자까지 기초연금 수급 대상에서 제외되는 것도 형평성과 공정성에 어긋난다. 직역연금 수급자는 소득 하위 70%에 해당되는지 여부와 관계없이 무조건 기초연금에서 제외되며 심지어 배우자도 받지 못한다는 의미다. 소득이 없어 빈곤한 노인의 생계를 돕는다는 취지와 전혀 맞지 않는 제한이다.

기초연금과 함께 기초생활보장제도 역시 기본소득 도입과 함께 축소해야 할 제도다. 기초생활보장제도와 기초연금의 관계부터 논란거리다. 65세 이상의 기초생활보장수급자가 기초연금을 받는 경우 수령한 기초연금액은 기초생활보장수급자의 소득에 반영돼 기초생활보장급여에 영향을 미친다. 즉 기초연금액만큼 기초생활보장급여가 줄어든다는 얘기다.

언론보도에 따르면[4] 2022년 7월 기준 기초생활보장제도상 생계급여와 기초연금을 동시 수급하면서 생계급여가 감액되는 65세 이상 노인은 60만 3,650명에 달했다. 2020년 12월말 43만 3,617명보다 17만여 명 늘어난 수치다. 국민기초생활보장법상 기초생활보장제도는 보충성의 원칙과 타급여 우선 원칙에 따라 기초연금 등 다른 복지혜택을 받으면 그만큼 생계급여 등의 지급액을 감액하도록 설계돼 있다.

소득하위 70%에게 지급하는 기초연금의 제도적 특성으로 인해 생계급여 수급자보다 소득이 높은 노인에게는 기초연금 전액이 지급되는 데 반해 극빈층인 생계급여 수급자는 기초연금이 감액되는 이상한 결과가 초래된 것이다. 이러니 '줬다 뺏는 기초연금'이라는 불만까지 나온다.

사실 이런 결과는 필연적이다. 기초생활보장제도는

---

4) 브레이크뉴스, 2022년 11월 16일
   https://www.breaknews.com/934361

나이에 관계없이 최저생계비를 보장한다는 취지상 소득이 발생하면 그만큼 지급액이 감액되는 반면, 기초연금은 나이를 기준으로 하는 서로 다른 복지제도이기 때문이다.

정권이 바뀔 때마다 수많은 복지제도가 무분별하게 생겨난 결과 복지 사각지대는 해소되지 않는 반면, 복지혜택을 중복으로 받는 경우는 적지 않은 게 현실이다. 수많은 복지제도를 통폐합해 단순화해야 한다는 지적이 나오는 배경이다.

기초연금과 기초생활보장제도는 저소득자의 기본적인 생활을 보장하기 위한 공적 부조로서 기본소득 도입 시 축소 내지 폐지되어야 한다.

2020년 기준 기초연금에 소요된 예산은 총 16조 8,000억 원이다. 이 가운데 국비가 13조 2,000억 원, 지방비가 3조 6,000억 원이다. 기초연금을 기본소득에 통합하면 중앙정부 예산의 경우 13조 2,000억 원을 아낄 수 있다는 계산이 나온다. 기초연금에 소요되는 지방비 예산만큼 지방자치단체에 교부하는 예산을 줄이면 3조 6,000억 원을 추가로 아낄 수 있어 총 조달 가능한 예산은 16조 8,000억 원에 달한다.

기초연금 예산 추이

(단위 : 원)

	국비	지방비	계
2017년	8.1조	2.5조	10.6조
2018년	9.1조	2.7조	11.8조
2019년	11.5조	3.2조	14.7조
2020년	13.2조	3.6조	16.8조

* 자료 : 보건복지부 2020년 1월 22일 보도자료
'1월 23일에 인상된 기초연금 처음 지급된다'

2) 기초생활보장제도

  기초생활보장제도는 소득이 국가가 정한 일정 기준에 미달하는 빈곤 가구를 대상으로 현금 또는 현물을 지원하는 복지제도다. 세부적으로는 생계급여, 의료급여, 주거급여, 교육급여, 자활급여, 해산/장제급여 등이 있다.
  기초생활보장제도는 부양 의무자 기준, 재산의 소득환산 등 개선해야 할 점이 한두 가지가 아니다. 부양 의무자 기준 폐지 시에는 당연히 소요 예산도 증가할 가능성

이 높다. 일단 여기에서는 현 제도를 유지한다는 전제하에 기본소득과 중복되는 부분을 논의하고자 한다.

일단 의료급여와 주거급여, 자활급여 등은 유지해야 할 필요성이 높다. 치료를 받을 권리는 인간의 가장 기본적인 권리로서 저소득층을 특히 두텁게 보호할 필요성이 있다. 건강보험이라는 제도가 치료받을 권리를 보호해 주고 있지만 저소득층에게는 부족한 부분이 있다. 주거급여 역시 함부로 없애기 힘들다. 주거 문제까지 해결할 수 있을 정도로 기본소득 지급액이 많다면 폐지할 수 있지만, 우리나라 재정 형편에는 쉽지 않다. 기본소득이 상당한 수준까지 높아지기 전까지는 주거복지 부문에서는 어느 정도 선별 복지가 필요하다. 그밖에 교육급여와 자활급여도 현실적으로 그리고 정치적으로 없애기 쉽지 않은 항목이다.

기본소득과 가장 겹치는 것은 생계급여다. 2020년 생계급여에 지출된 금액은 약 5조 3,000억 원에 달한다. 생계급여를 기본소득으로 대체해야 하는 이유는 기본적인 생계의 유지를 보장(주거, 의료는 별도로 논한다)한다는 취지의 공통점 외에도 '사각지대의 존재'라는 기초생활보장제도가 가진 문제점 때문이다.

사각지대의 가장 큰 원인은 재산의 소득 환산이다. 후

술하겠지만 우리 사회를 떠들썩하게 했던 창신동 모자의 비극에서 보듯이 허물어져 가는 집 한 채, 자동차 한 대만 보유하고 있어도 혜택을 받을 수 없다. 가난한 사람을 돕겠다는 기초생활보장제도가 재산의 소득 환산으로 인해 오히려 가난을 부추기는 결과마저 초래한다.

신청 절차의 복잡함과 신청자가 느끼는 자괴감, 낙인효과, 부양의무자 기준 등도 수많은 사각지대를 만들어내는 요인이다. (다행히 부양의무자 기준은 단계적으로 완화돼 의료급여에만 남아 있다.)

생계급여의 특성상 소득이 발생하면 그만큼 급여액이 줄어들어 근로의욕을 저하시키고 복지 의존도를 심화시키는 문제점도 있다.

생계급여를 기본소득으로 대체하면 약 5조 3,000억 원을 재원으로 활용할 수 있고 각종 사각지대를 해소하며 근로의욕 저하를 막을 수 있다.

생계급여의 또 다른 문제점은 가구원 수가 늘어나더라도 그에 비례해 생계급여가 증가하지 않는다는 점이다. 1인 가구의 생계급여가 54만 8,349원이라면 2인 가구의 경우 109만 6,698원의 생계급여를 받아야 하는데, 현 제도상 2인 가구에 대한 생계급여는 92만 6,424원에 그친다.

2021년 생계급여 최저 보장 수준

(단위: 원)

가구 규모	생계급여
1인 가구	54만 8,349
2인 가구	92만 6,424
3인 가구	119만 5,185
4인 가구	146만 2,887
5인 가구	172만 7,212

* 자료 : 2021년 국민기초생활보장사업 안내, 247페이지

주거를 같이하는 가구원은 주거비 등을 공유하는 '규모의 경제' 효과를 누리므로 생활비도 가구원 수에 따라 비례적으로 늘어나지는 않는다는 논리가 깔려 있는 것으로 보인다.

하지만 이는 가구를 이루고 사는 사람에 대한 명백한 차별이다. 이들이 생계를 함께하는 이유는 가족이기 때문이기도 하지만 한편으로는 1인당 주거비를 아끼는 등 규모의 경제를 누릴 수 있기 때문이다. 생계비를 아끼기 위해 가구를 이루어 사는 노력을 하면 1인당 생계급여는 오히려 깎이는 이상한 결과가 나온다.

또 아이가 늘어날수록 1인당 생계급여는 줄어들어 아이를 많이 낳는 가구에 불리하다는 문제점도 있다. (아이가 있는 가정에 대한 세제 혜택과 아동수당 같은 양육비 지원 등은 별론으로 한다. 생계급여를 받는 가구라면 납부하는 세금이 거의 없어 세제 혜택을 받지 못하며, 아동수당은 특정 연령대에 한정해 지급하기 때문이다.)

기초생활보장 급여 지출액[5]

(단위 : 원)

		2019년	2020년
생계급여	국비	3조 7,581억	4조 3,360억
	지방비	8,621억	9,628억
	소계	4조 6,202억	5조 2,988억
의료급여	국비	6조 4,359억	7조 21억
	지방비	2조 659억	2조 2,477억
	소계	8조 5,018억	9조 2,498억

5) 국민기초생활보장제도 접근성 강화 방안 연구, 115페이지 참조, 한국보건사회연구원 2021년 11월

		2019년	2020년
주거 급여	국비	1조 6,406억	1조 5,910억
	지방비	3,764억	3,533억
	소계	2조 170억	1조 9,443억
교육 급여	국비	1311억	1,011억
	지방비	301억	225억
	소계	1,612억	1,236억
합계		15조 3,002억	16조 6,165억

3) 아동수당

다음으로 아이 1명당 월 10만 원을 지급하는 아동수당이 있다. 아동수당은 아동의 건강한 성장 환경을 조성해 아동의 기본적 권리와 복지 증진에 기여하기 위해 도입된 제도다. 2018년 9월부터 시행됐다.

시행 초기에는 0세부터 만 6세 미만 아동이 있는 가구의 소득인정액이 선정 기준액 이하인 경우 월 10만 원씩 지급됐으나 2019년부터 지급 대상이 만 6세 미만의 모든 아이로 확대됐고, 2019년 9월부터는 지급 대상이 만 7세 미만으로 상향조정됐다.

아동수당은 선별 복지가 보편 복지로 전환되고 있다는 징표다. 기획재정부 등 예산 당국은 코로나 재난지원금 지급 논란에서 보듯이 재정건전성을 이유로 선별 지급의 정당성을 강조해 왔으나, 아동 수당은 선별 지급이 아닌 보편 지급을 원칙으로 하고 있다. 예산 당국의 재정 지출에 일관성이 전혀 없는 것이다.

아동수당은 기본소득 도입 시 폐지해야 할 복지 중 하나다. 기본소득이 도입되면 아이들에게도 일정 금액이 조건 없이 지급되기 때문이다. 물론 실제로는 아이가 아닌 부모에게 지급될 것이다. 아동수당 예산은 2020년에 2조 2,800억 원, 2021년에는 2조 2,200억 원이다.

아동수당 예산 추이

(단위: 원)

2020년	2조 2,833억
2021년	2조 2,194억

* 자료: 기획재정부(2020), '열린 재정-세출/지출 세부사업 예산 편성 현황(총지출 및 추경 포함)'

4) 농림어업용 부가세 감면 및 농산물 의제매입세 액공제

재정지출에는 실제 돈이 나가는 것만 있는 것이 아니다. 걷어야 할 세금을 걷지 않은 것도 일종의 지출이다. 이를 조세지출이라고 한다.

앞서 살펴본 각종 소득공제와 세액공제 등이 대표적인 조세지출에 해당한다. 예산당국은 조세지출이 무분별하게 늘어나는 것을 방지하기 위해 조세지출예산서라는 것을 매년 작성한다.

정부의 조세지출예산서를 보면, 국세감면액은 2019년 49조 5,700억 원, 2020년 52조 9,357억 원, 2021년 57조 248억 원 등으로 매년 늘어나는 추세다.

이 가운데 앞서 살펴본 각종 소득공제와 세액공제 외에도 기본소득 도입 시 폐지해야 할 조세지출 항목을 찾아볼 수 있다. 조세지출은 정부가 지급하는 보조금과 유사한 성격이며 정책적으로 장려하거나 보호해야 할 분야에 세제 혜택을 부여하는 것이다. 얼핏 보면 가치 있는 경제활동을 지원하는 정책으로 비춰질지 모르지만 잘못 활용되면 가격 기능을 왜곡하고 바람직하지 못한 소비를 늘리는 부작용을 낳는다.

조세지출 중 이런 부작용이 많은 대표적인 항목이 농림어업용 석유류에 대한 부가세 감면이다. 이 제도는 농산물 생산 기반 유지 및 안정적 공급을 통한 농업 경쟁력 확보라는 목적 하에 도입됐으며 1998년 세금 감면 규모를 확대하면서 일몰규정을 두었으나 이후 수차례 연장돼 오늘날까지 이어져 오고 있다. 정치권에서는 일몰을 추가 연장하거나 영구화하는 법안을 준비 중이다.

한시적으로 운영돼 왔다는 점만 봐도 이 제도가 문제 투성이라는 것을 알 수 있다. 우선 농민의 석유류 소비를 부추긴다는 문제점이 있다. 세제 혜택이 가격 기능을 왜곡시켜 정상적인 경우보다 농민의 석유 소비를 늘린다는 얘기다. 이는 친환경으로의 전환이라는 정책 기조와도 맞지 않는다.

정부의 세제 혜택이나 보조금 지급은 최대한 가격 기능을 왜곡시키지 않는 방향으로 시행돼야 한다는 원칙과도 어긋나는 제도다.

우리 농업을 지켜야 한다는 명분은 이해하지만 이는 농업의 경쟁력을 향상시키는 정책적 노력을 통해 해결해야 할 문제이지 석유소비에 대한 사실상의 보조금 지급으로 해결할 수 있는 문제가 아니다. 현실적으로 농림어업용 석유류에 대한 부가세 감면은 농민에 대한 일종의 복지 혜택에 불과해 기본소득이 도입되면 폐지해야 할 세제 혜택이다.

농산물 의제매입세액공제도 마찬가지다. 이는 음식점 등 농산물을 가공·판매하는 사업자에 대해 농산물 구입비 일부를 부가세에서 공제해 주는 제도다. 주로 음식점 사업자를 위한 제도인데, 국내산 농산물에 포함된 부가가치세액이 미미하고 공제율이 지나치게 높아 부당공제에 취약한 구조다. 이는 사실상 음식점 사업자에 대한 보조금으로써 기본소득 도입과 함께 폐지해야 한다.

농림어업용 석유류에 대한 부가세 감면과 농산물 의제매입세액공제액은 2021년 기준 각각 1조 1,859억 원과 2조 7,429억 원이다. 정부는 이 두 항목을 조세지출 가운데 잠재적 관리 항목으로 지정해 관리하고 있다. 정부도 이들 공제를 줄이거나 폐지해야 할 필요성을 인정하고 있는 것이다.

농림어업용 석유류에 대한 간접세 면제 규모

(단위: 원)

2020년	1조 2,094억
2021년	1조 1,859억

* 자료 : 2022년도 및 2023년도 조세지출예산서

면세농산물 등 의제매입세액공제 규모

(단위: 원)

2020년	2조 7,985억
2021년	2조 7,429억

* 자료 : 2022년도 및 2023년도 조세지출예산서

5) 국민취업지원제도

기본소득이 도입되면 구직을 전제로 예산을 지원해주는 사업도 구조조정 대상이 되어야 한다. 대표적인 것이 국민취업지원제도 사업이다. 이 사업은 '구직자 취업촉진 및 생활안정지원에 관한 법률'에 따라 도입된 '한국형 실업부조' 제도다.

실업부조라는 말에서 이미 기본소득에 통합시켜도 무방하다는 의미가 내포돼 있다. 이 사업은 저소득 구직자, 청년 신규 실업자, 경력단절여성 등 취업취약계층을 대상으로 생계 지원과 취업지원서비스를 제공하는 것이다. 2020년 예산(본예산 기준)으로 6,730억 원이 편성됐다.

이 사업은 1유형과 2유형으로 구성된다. 1유형 지원자

에게는 취업 지원 서비스와 생계 지원(구직촉진수당 월 50만 원×최대 6개월)을 제공하고 2유형 지원자에게는 구직 활동 참여에 따른 비용의 일부를 지원하는 등 취업 지원서비스를 제공한다.

이 제도는 기본소득과 함께 폐지하거나 축소해야 한다. 그렇다고 취업 지원 사업 자체를 없애자는 것은 아니다. 취업 알선이라든지, 취업을 위한 교육훈련은 일하고자 하는 의지가 있는 국민에게 마땅히 제공해야 할 서비스이다. 하지만 단순히 취업 지원을 요건으로 돈을 지급하는 것은 기본소득과 중복될 뿐 아니라 돈을 지급받기 위한 형식적인 취업 지원만 야기할 뿐이다. 생계를 지원하겠다는 것인지 취업을 지원하겠다는 것인지 알 수 없는 불분명한 제도인 점도 문제로 지적된다. 이 돈을 재원으로 기본소득을 늘려 예측 가능하면서 지속적인 생계 자금을 늘려 주고, 일할 의욕의 고취는 다른 정책을 통해 관철시키는 것이 합당하다.

6) 실업급여 등

고용보험도 유지 여부를 심각하게 고민해야 할 부분이

다. 고용보험기금은 근로자 생활 안정과 구직활동을 촉진하기 위한 목적으로 설치된 기금이다. 실업급여, 모성보호, 고용안정 및 직업능력 개발 사업에 필요한 재원을 충당하기 위해 '고용보험법'에 근거해 설립됐다.

2020년 기준 고용보험기금수입(추경 제외)은 자체 수입과 정부 내부 수입, 공적자금관리기금 예수금 등으로 구성되는데, 자체 수입이 13조 5,200억 원으로 가장 많다. 자체 수입은 고용주와 피고용주(근로자)가 납부한 고용보험료로 구성되는 부담금이 12조 9,200억 원으로 대부분을 차지한다. 정부 내부 수입(일반 회계 전입)도 5,800억 원에 달한다.

고용보험기금의 사용처는 실업급여가 대부분을 차지하며 모성보호 육아지원 사업, 고용안정·직업능력 개발 사업에도 일부 자금이 투입된다.

기본소득이 도입되면 고용주와 근로자가 납부하는 고용보험료는 폐지하고, 이를 세금으로 돌려 기본소득 재원으로 활용하는 방안을 고민할 필요가 있다.(고용보험료 폐지로 줄어드는 부담 전체를 세금으로 돌릴 수도 있고, 그중 일부만 세금으로 돌릴 수도 있다. 이는 정치적 판단의 문제이다. 여기서는 전체를 세금으로 돌려 기본소득 재원으로 활용한다고 가정하겠다.) 기본소득은 모든 사람에게 조건 없이 지급해 주는 소득인 만큼 직장을 잃은 사람에게 한시적으로 지급하는 실업급여는 필요가 없어지기 때문이다.

실업급여도 일종의 보험이다. 따라서 보험제도에 내재해 있는 도덕적 해이를 피할 수 없다. 실업급여를 받을 수 있는 최소한의 근로기간만 채운 뒤 해고 형식으로 회사를 그만두고 실업급여를 타는 '자발적 실업' 현상이 대표적이다. 실업급여를 받기 위해 실제 구직 의사는 없으면서 구직 시늉만 내는 '무늬만 구직자'도 적지 않다. 고용보험을 납부하는 기업과 근로자의 돈을 쓸데없이 낭비해 부담을 키우는 한편, 실업급여 수급자는 급여를 타기 위해 마음에도 없는 구직활동을 하는 이중 낭비 내지 이중 비효율만 낳을 가능성이 높다.

인력 하나하나가 소중한 기업과 소상공인도 피해를 본다. 실업급여를 타기 위해 최소한만 근무하다 그만두는 사례가 발생하다 보니 인력 운용의 어려움이 가중되기 때문이다.

물론 모든 실업급여 수급자가 이런 도덕적 해이에 빠져 있는 것은 아니다. 하지만 실업급여액이 증가하면 할수록 도덕적 해이가 발생할 가능성은 더 커진다.

실제 문재인 정부 때 실업급여액을 높이면서 이 문제

가 현실화됐다.(문재인 정부는 2019년 10월 실업급여 수급 기간을 3~8개월에서 4~9개월로 늘리고 지급액도 평균 임금의 50%에서 60%로 높였다.)

열심히 일해서 돈을 버는 것보다 차라리 실업급여를 받는 게 더 낫다는 이른바 '실업급여와 세후소득(실수령액)의 역전 현상'이 발생한 것이다. 이렇다보니 자발적 실업자, 무늬만 구직자가 양산되고 있다는 지적이 나온다. 경제협력개발기구(OECD)조차 '한국은 세후소득이 실업급여보다 적어 근로의욕을 낮추고 있다. 이런 경우는 OECD 회원국 가운데 한국이 유일하다'는 취지의 보고서를 냈다.[6]

홍석준 국민의힘 의원실이 고용노동부로부터 받은 자료에 따르면, 5년간 3번 이상 실업급여를 받은 사람은 2018년 8만 2,000명에서 2022년 10만 2,000명까지 늘었다. 또 2022년 기준 실업급여 수급자 163만여 명 중 45만여 명(27.6%)은 세후소득보다 실업급여가 더 많았다. 이러니 실업급여를 탈 수 있는 기간만 채우고 일을 그만두면서 해고 처리를 요구하는 경우도 적지 않다고

6) 조선일보, 2023년 5월 25일
https://www.chosun.com/national/labor/2023/05/25/QV5MGG7W6BECDDIJZLJD2724RQ/?utm_source=naver&utm_medium=referral&utm_campaign=naver-news

한다.[7)]

이 결과 고용보험기금은 문재인 정부에서 적자 전환됐고 적립금도 모두 소진돼 빚을 져야 하는 상황에 내몰렸다.

문재인 정부는 고용보험기금 적자가 누적되자 임기 동안 고용보험료율을 1.3%(근로자와 사용자 0.65%씩 부담) → 1.6% → 1.8%로 두 차례나 올렸다.[8)] 저소득자를 위한다는 선한 의지로 포장한 실업급여액 인상이 보험제도 고유의 문제점인 도덕적 해이를 낳았고, 그로 인해 고용보험료율이 인상된 것이다. 그 부담은 고스란히 성실하게 일하는 근로자와 기업의 몫으로 돌아갔다.

고용보험은 아무리 개혁을 해도 그 특성상 도덕적 해이를 유발할 수밖에 없으며 근로자와 기업의 부담만 키운다. 고용보험을 세금으로 전환해 기본소득 재원으로 활용함으로써 이런 문제를 없앨 수 있다.

---

7) 조선일보, 2023년 5월 25일
   https://www.chosun.com/national/labor/2023/05/25/
   OSGAXSY2Y5GY3LJEVVAEKQ4OSI/

8) 조선일보, 2023년 5월 25일
   https://n.news.naver.com/mnews/article/023/0003765681?sid=102

고용보험기금 적자 추이[9]

(단위 : 원)

2018년	8,082억
2019년	2조 877억
2020년	5조 3,292억
2021년	5조 7,092억

  중소·중견기업에서 일하는 만 15~34세 청년들에게 직접 보조금을 지원해 목돈을 마련해 주는 내일채움공제사업, 중소·중견기업에 1년간 최대 900만 원의 보조금을 지급하는 청년채용특별장려금 사업 등도 폐지해야 한다. 이들 정책은 대표적인 선심성 정책으로 고용보험기금 적자의 원인으로 지목돼 왔을 뿐 아니라 복지 정책인지 일자리 정책인지 알 수 없는 정체성 '제로' 정책이다.

  특히 내일채움공제사업의 경우 신규 취업자만 혜택을 받을 수 있어 기존 취업자와의 형평성 문제가 제기돼 왔다. 비영리 법인이나 외국계 회사에는 적용되지

---

9) 한국경제신문,
  https://www.hankyung.com/politics/article/202201280239i

않는 점 등도 청년 취업자 입장에서는 불평등하게 인식될 수 있다. 선별 복지의 문제가 고스란히 묻어 있는 것이다.

지원 대상을 중소 또는 중견기업 등으로 제한한다는 점도 문제다. 얼핏 보기에는 중소·중견기업 취업을 장려한다는 좋은 취지로 보이지만, 이 역시 선별복지의 근본적인 문제점을 내포하고 있다. 대기업 취업자라고 해서 모두 임금이 높은 것은 아니며 중소기업 취업자라고 해서 모두 임금이 낮은 것은 아니다. 중소기업 취업자라고 모두 가난한 것도 아니다. 중소기업 육성이 목적인지 복지가 목적인지 알 수 없는 정책이며, 대·중소기업을 갈라 혜택을 차별하는 정책이다.

무엇보다 이들 사업은 고용보험기금의 부담을 늘리고, 그 부담을 다른 보험 가입자에게 떠넘긴다는 근본적인 문제가 있다.

민간의 고용에 정부가 보조금을 지급하는 것은 시장 논리에 맞지 않을 뿐 아니라 중소기업으로의 취업 장려는 중소기업 경쟁력 강화 정책을 통해 추진해야지 청년에게 보조금을 주어서 해결할 문제는 아니다. 이들 정책이 실제 중소기업 취업 증가로 이어지는지도 의문이다. 기본소득에 편입하는 것이 시장을 왜곡하지 않으면서 지속가능하고 예측 가능한 소득을 보장해 주는 방법이다.

고용보험기금이 수행하는 모든 기능을 없애자는 것은 아니다. 출산 전후 휴가급여(출산급여)와 육아휴직급여 등을 지급하는 모성보호 육아지원 사업, 직업능력 개발 사업 등은 그대로 수행할 필요가 있다. 이들 사업은 고용보험기금을 없앤 후 일반 회계 예산으로 수행하면 된다. 사실 이들 사업의 일부는 일반회계(즉 세금)에서 고용보험으로 전입되는 자금(일반 회계 전입금)으로 수행되고 있으며, 정치권과 학계에서도 이들 사업은 고용보험료보다는 세금으로 수행하는 게 적절하다는 지적이 많다.

결과적으로 고용주와 피고용주가 납부하는 부담금(고용보험료) 12조 9,200억 원을 일반 세수로 전환해 기본소득 재원으로 활용하거나 모성(또는 부성) 보호 예산을 늘리는 방안을 생각해 볼 필요가 있다.

고용보험을 기본소득에 편입시키면 특수고용직 가입을 둘러싼 형평성 논란도 자연스레 해소된다.

7) 근로장려금

근로장려금(EITC)은 조세지출 중 가장 큰 비중을 차지하는 항목이다. 저소득층의 근로를 유인하고 실질소득을 지원하려는 목적으로 2008년부터 세금 환급 형태로 시행됐다. 복지 혜택에서 소외돼 있던 차상위 계층도 혜택을 받을 수 있는 여건을 마련하기 위해 도입된 제도다.

이 제도의 특징은 '일을 해야 지원받을 수 있다'는 것이다. 일을 통해 소득이 일정 수준까지 늘어나면 지원받는 장려금 규모도 더 커진다. 근로의욕을 떨어뜨리지 않으면서 빈곤 탈출을 도와주는 복지제도라는 게 정부의 설명이다.

근로소득, 종교인소득, 또는 사업소득(전문직 제외)이 있는 가구 가운데 총소득 요건과 재산 요건을 충족해야 혜택을 받을 수 있다.

총소득 요건은 연간 총 소득 합계액(부부 합산)이 단독가구 2,000만 원, 홑벌이 가구 3,000만 원, 맞벌이 가구 3,600만 원 이하여야 한다.

단독가구는 배우가 및 부양 자녀가 없는 경우, 홑벌이 가구는 배우자 총 급여액이 300만 원 이하 혹은 배우자 없이 부양 자녀 또는 70세 이상의 부 또는 모가 있는 경우, 맞벌이 가구는 배우자 총급여액이 300만 원 이상인 경우를 가리킨다.

또 가구원이 소유하고 있는 토지, 건물, 자동차, 전세보증금, 예금 등 재산의 합계액이 2억 원 미만이어야 한다는 재산 요건을 만족해야 한다. 재산 합계가 1억 4,000만 원 이상인 경우 산정된 근로장려금의 2분의 1에 해당하는 금액을 수급할 수 있다.

(바로 여기에서 근로장려금의 문제점이 확연하게 드러난다. 열심히 돈을 모아 재산이 불어나면 근로장려금 혜택이 줄어든다.)

근로장려금 지원 금액은 가구원 구성과 총급여액 등에 따라 결정된다. 또 총급여액이 증가할수록 지원 금액이 같이 증가하는 점증 구간, 일정하게 유지되는 평탄 구간, 감소하는 점감 구간으로 구성된다.

단독가구를 보자. 총급여액이 400만 원 미만은 해당 총급여액의 400분의 150, 총급여액 400~900만 원 미만 구간은 150만 원, 900~2,000만 원 미만 구간은 150만 원에서 (총급여액-900만 원)×1,100분의 150을 차감한 금액이 지급된다.

홑벌이 가구와 맞벌이 가구도 금액은 다르지만 구조는 유사하다.

가구 구성 및 총급여액 등에 따른 근로장려금 규모

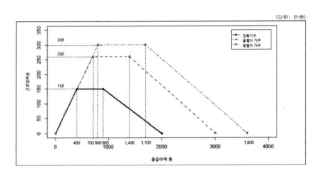

(단위: 만원)

* 자료: 2019년 확대·개편된 근로장려세제의 노동 공급 효과 분석
(2020.12)에서 재인용, 김문정·김빛마로, 한국 조세재정연구원

근로장려금의 목적은 두 가지다. 근로장려와 소득 재분배다. 첫 번째 목적인 근로장려와 관련해 근로장려금이 노동공급을 늘리는지 여부는 불분명하다. 국내든 해외든 연구자마다 결과가 다르다. 통계 수치를 가지고 하는 연구는 일견 그럴듯해 보이지만 어떤 데이터 내지 표본을 사용하느냐, 어떤 통계적 기법을 적용하느냐에 따라 결과가 천차만별이다.

통계 분석은 제쳐 두고 근로장려금의 구조를 보면 과연 노동공급에 효과가 있을지 의문이 제기된다. 근로장려금은 점증 구간과 평탄 구간, 점감 구간으로 구성되며

소득이 일정 수준 이상이면 지원이 끊긴다. 점증 구간과 평탄 구간에서의 혜택을 누리기 위해 억지로라도 일자리를 구하거나 그만두고 싶은 직장에 붙어 앉아 있을 수는 있겠으나 소득이 늘어 점감 구간으로 들어서면 노동 유인이 떨어진다.

또 하나 이상한 점은 재산 요건이다. 열심히 일해 근로장려금을 받아 저축을 늘려 재산이 2억 원 이상으로 늘어나면 지원이 끊긴다. 선별복지의 문제점이 근로장려금에도 고스란히 적용되는 셈이다.

근로장려금을 계속 지원받으려면 소득이 너무 많이 늘면 안 되고 재산도 불리면 안 된다. 근로를 장려한다는 취지대로라면 열심히 일해 소득을 늘리고 열심히 저축해 재산을 불린 사람에게 더 많은 근로장려금을 주어야 하는데, 현재의 제도는 그 반대다.

근로장려금(EITC) 지급 규모

(단위: 원)

2020년	4조 4,826억
2021년	4조 6,035억

* 자료 : 2022년도 및 2023년도 조세지출예산서

사실 근로장려금이 근로의욕을 높이기 위한 지원금이라고 생각하는 사람은 많지 않다. 실질적으로는 소득 재분배의 수단으로 활용되는 측면이 크다. 그렇다면 근로장려금은 기초연금, 기초생활보장제도와 함께 기본소득에 편입시키는 편이 더 낫다. 기본소득은 소득과 재산이 늘더라도 지원액이 줄거나 끊이지 않는다. 근로장려금은 지난 2021년 약 4조 6,035억 원이 지출됐다.

　기본소득 도입과 함께 목적이 불분명하고 사회적 형평성을 해치며 가격 기능에 왜곡을 초래하는 지원제도를 폐지하면 이들 제도를 운영하기 위해 소요되는 행정 비용을 줄일 수 있다. 제도 운영을 위해 필요한 공무원 수를 줄임으로써 민간으로의 노동공급을 늘리는 효과도 기대할 수 있다.

정치적 수용 가능성 :
기본소득이 복지를 축소시켜서는 안 된다

기본소득 도입을 위해서는 정치적 결단이 필요하다. 정치적 결단은 국민 절반 이상의 지지를 전제로 한다. 어떤 정권도 국민의 절반이 반대하는 정책을 밀어붙일 수는 없다. 월급쟁이에게 가장 중요한 것이 월급이라면 정치인에게 가장 중요한 것은 '선거'이기 때문이다.

따라서 기본소득이 정치적 지지를 얻기 위해서는 기본소득 도입으로 손해를 보는 사람이 최소화되어야 한다. 물론, 손해를 보는 사람이 아예 없을 수는 없다. 하지만 그마저도 최소화돼야 하며, 특히 저소득층이 기본소득 도입으로 손해를 봐서는 곤란할 것이다.

예를 들어 보자. 2021년 국민기초생활보장사업 안내에 따르면 생계급여 금액은(소득이 없는 경우) 다음과 같다.

2021년 생계급여 월 최저보장 수준

(단위 : 원)

가구규모	생계급여
1인 가구	54만 8,349
2인 가구	92만 6,424
3인 가구	119만 5,185
4인 가구	146만 2,887
5인 가구	172만 7,212

* 자료 : 2021년 국민기초생활보장 사업 안내, 247페이지

    만일 기초생활보장제도 등 기존 복지 제도를 통합해 기본소득을 도입한다고 상상해 보자. 기본소득은 월 20만 원으로 정해졌다고 가정하자. (왜 20만 원으로 가정했는지는 후술한다.)

    이렇게 되면 기존에 월 54만 8,349원을 지급받던 1인 가구의 소득은 20만 원으로 줄어든다. 4인 가구의 소득은 146만 2,887원에서 80만 원으로, 5인 가구 소득은 172만 7,212원에서 100만 원으로 감소한다.

    일부 몰지각한 정치인은 이런 이유로 기본소득을 반대할 것이다. 기본소득을 이런 식으로 도입하면 당연히 정

치적으로 받아들여지기 힘들다.

따라서 기본소득 20만 원을 도입하더라도 나머지 금액은 그대로 지급해야 한다. 4인 가족의 경우 기본소득 80만 원에 더해 기존 기초생활보장제도를 통해 지급받던 146만 2,887원과 기본소득의 차액인 66만 2,887원은 그대로 지급해 저소득층의 복지 혜택이 줄어들지 않도록 해야 한다는 것이다. 즉 기본소득이 일정 수준까지 높아지기 전까지는 기본소득보다 많은 금액을 지급하는 복지제도는 유지해야 한다는 얘기다. 기본소득 이후 복지제도는 예컨대 이런 식이 될 것이다.

- 1인 가구 -
기본소득 20만 원+기초생활보장제도 생계급여 34만 8,349원(54만 8,349원-20만 원)= 54만 8,349원

- 4인 가구 -
기본소득 80만 원+기초생활보장제도 생계급여 66만 2,887원(146만 2,887원-80만 원)= 146만 2,887원

이후 기본소득이 경제 성장에 따라 매년 증가해 인당 54만 8,349원을 넘어가면 기초생활보장제도를 폐지하

는 식으로 제도를 설계해야 할 것이다.

또 하나의 문제는 기초연금이다. 기초연금은 만 65세 이상 노인 가운데 소득 인정액 하위 70%에게 월 최대 30만 원을 지급하는 것이다. 기본소득 도입과 함께 기초연금을 폐지하면 기초연금 수급자의 복지 혜택은 줄어든다. 예컨대 기본소득이 20만 원이라고 가정하면 복지 혜택이 30만 원(기초연금)에서 20만 원(기본소득)으로 줄어든다. 따라서 기초연금과 기본소득의 차액은 기본소득이 30만 원에 도달할 때까지 유지해야 한다. (일부 논자들이 기본소득을 30만 원부터 도입해야 한다고 주장하는 이유 중 하나는 바로 기초연금 때문이라고 추정된다. 기본소득을 30만 원부터 시작하면 기초연금과 바로 통합할 수 있기 때문이다. 이는 정책적 판단의 문제이다. 다만 30만 원 기본소득을 주장하는 사람들은 이 돈을 마련하기 위해 새로운 세금 항목을 만들어야 한다는 입장이다. 이 책에서는 세목 신설 없이 기본소득을 도입하는 것을 전제로 했으므로 30만 원보다 금액이 적을 수밖에 없다.)

고용보험은 어떨까? 현 고용보험상 실업급여는 고용보험 가입 근로자가 실직해 재취업 활동을 하는 기간에 소정의 급여를 지급하는 것이다. 크게 구직급여와 취업촉진수당으로 나뉘어져 있다.

구직급여는 퇴직 전 평균 임금의 60%에 소정근로일수를 곱하여 산정된다. 다만 상한액은 1일 6만 6,000원이다.(2019년 1월 이후)

지급일수는 나이와 고용보험 가입 기간에 따라 달라지는데 50세 미만의 경우 최대 240일이다.(50세 이상은 최대 9개월) 고용보험 가입 기간에 따라 차이가 적지 않지만 10년 이상 성실히 직장에서 일하다 실직한 경우 한 달 180만 원 가량을 8개월 정도 받는다.

기본소득이 도입되면 그 금액을 초과하는 부분은 유지할 필요가 있는 기초생활보장제도상 생계급여나 기초연금과 달리 실업급여는 폐지하거나 대폭 축소할 필요가 있다. 사실 실업급여는 최대 8개월간 월 180만 원을 한시적으로 받는 제도로 비록 금액은 적지만 기간 제한이 없는 기본소득으로 대체해도 문제가 없다.

기초생활보장제도와 기초연금은 소득이 일정 수준 이하면 기간 제한 없이 받을 수 있어 기본소득과 유사한 측면이 있다. 따라서 기본소득을 넘는 부분은 그대로 유지해 저소득층의 소득이 줄어들지 않도록 배려할 필요가 있으나 실직 시 한시적으로 지급받는 실업급여는 그렇지 않다.

물론 고용보험으로 운영되는 모성보호 육아지원(출산

전후 휴가 급여, 유산·사산휴가 급여, 육아휴직급여, 육아기 근로시간 단축 급여), 직업능력 개발사업 등은 유지할 필요가 있다. 다만 이들 사업은 그 규모가 크지 않으며 고용보험이 아닌 일반 예산으로 집행해도 문제가 없다.

기본소득 얼마나 가능할까

기본소득 도입 찬성론자들은 매달 지급해야 할 기본소득의 규모를 정한 다음(예컨대 월 30만 원) 그에 맞춰 세목을 신설하거나 세율을 올려 기본소득 재원으로 활용하자고 주장한다. 기본소득에 맞춰 세목과 세율을 정해 필요한 돈을 조달하자는 것이다.

하지만 이런 식의 설계는 정치적 수용 가능성이 적을 뿐 아니라 조세저항도 만만치 않을 것이다. 그보다는 기본소득과 중복되는 세제 혜택 및 복지지출을 추려내 아낄 수 있는 돈을 추산하고, 이에 맞춰 기본소득을 도입하는 것이 정치적 수용 가능성 측면에서 더 나을 수 있다. 세제 혜택 축소 역시 조세저항을 불러올 수 있으나 혜택을 없애는 것이므로 새로운 세금을 도입하는 것보다는 저항이 적을 것이다. 또 앞서 언급했듯이 복지 지출 일부를 기본소득으로 전환하더라도 기초생활보장제도와 기초연금 등에 대해서는 기본소득보다 많은 부분은 그대로 유지함으로써 저소득층 복지 혜택이 줄지 않도록 설계하면 저항을 줄일 수 있다.

기본소득이 재정건전성 악화(기존 복지는 그대로 둔

채 외부 차입을 통해 재원을 마련하는 경우) 내지 경제활동 위축(강한 증세) 등의 부작용을 초래할 것이라는 보수 진영의 공격에서도 자유로울 수 있다. 오히려 국민들에게 일정한 소득을 매월 지급함으로써 소득의 예측가능성을 높이고 불필요한 행정비용을 줄여 경제 활성화에 기여할 수 있다.

다만 세목 신설이나 세율 인상, 외부 차입 없이 도입되는 기본소득은 그 금액이 처음부터 클 수 없다.

여기서는 앞선 논의를 토대로 어느 정도 규모의 기본소득 도입이 가능한지 살펴보려 한다.

기본소득 도입을 전제로 폐지할 필요가 있는 세제 혜택은 인적공제, 신용카드 등 공제, 근로소득공제, 근로소득세액공제, 자녀세액공제, 기부금공제 등으로 총 48조 5,700억 원으로 추산된다.

이 금액은 국세통계연보의 근로소득 자료만으로 추산한 것이다. 특히 인적공제 항목 추산 시 계산에 넣지 않았던 사업소득자의 인적공제액을 감안하고 각종 공제 축소로 면세자가 줄어드는 효과, 각종 비과세 항목 정비 등을 감안하면 세제개혁으로 대략 50조 원 이상의 재원 조달이 가능할 것으로 추정해 볼 수 있다.

기초연금, 생계급여, 아동수당, 농림어업용 석유류

부가세 감면, 농산물 의제매입세액공제, 근로장려금 (EITC), 고용보험, 국민취업지원제도 완전 폐지 시 조달할 수 있는 금액은 약 46조 3,900억 원으로 추산된다.

앞서 언급했듯이 기본소득을 도입한다고 해서 복지제도 전체를 없앨 수는 없다. 기본소득 도입으로 복지 혜택이 줄어들면 정치적 수용 가능성이 없으므로 기본소득보다 많은 복지 혜택은 기본소득이 상당한 규모로 증가할 때까지 유지해야 한다. 기본소득 도입 이후에도 기본소득을 넘는 급여액을 유지해야 할 복지제도 중 대표적인 것으로는 생계급여와 기초연금이 있다.

그 외의 복지제도는 전면 폐지해도 문제가 없다. 생계급여 5조 3,000억 원 가운데 30%가량인 1조 6,000억 원과 기초연금 지급액 16조 8,000억 원의 30%인 5조 원을 기본소득 도입 이후에도 제도 유지를 위해 남겨둔다고 가정하자. 이렇게 되면 복지지출 구조조정을 통해 조달할 수 있는 금액은 39조 7,900억 원(46조 3,900억 원-1조 6,000억 원-5조 원)이다. (일부 연구에서는 주거급여와 한부모가족 자녀양육비, 농업직불금까지 기본소득으로 대체 가능하다는 점을 전제로 재원 조달을 추산하기도 한다. 하지만 여기에서는 이 부분을 제외했다. 이들 항목까지 포함하면 복지지출 구조조정을 통해 조달할 수 있는 금액은 수조 원이 추가될 것이다. 하지만 제도 도입 초기부터 기본소득으로 주거까지 대체토록 하는 것은 무리일 뿐 아니라 농업직불금은 나름의 정책적 목적이 있고 정치적 민감성도 커 여기서는 제외했다.)

세제개혁과 복지제도 정비로 조달할 수 있는 금액을 합산하면 88조 3,600억 원가량으로 추산된다. 기본소득 도입으로 행정비용 및 공무원 인건비 절감 등을 통해 재정지출을 추가로 줄일 수 있다고 가정하면 적게 잡아도 연간 90조 원 이상의 재원을 마련할 수 있다.

(행정 절차 간소화 및 공무원 인건비 절감액이 어느 정도가 될지는 계산이 불가능하다. 이는 제도 도입 시 면밀히 계산해 봐야 할 사안이며, 현재 공개된 자료로는 알 길이 없지만, 적어도 수천억 원 많게는 수조 원 이상 절감할 수도 있다.

(한 가지 참고할 것은 아동수당을 선별 지급하던 2018년 당시-현재는 일정 연령 이하 아동 모두에게 지급하는 보편복지로 바뀌었다-선별을 위한 행정비용만 1,150억 원이 소요됐다는 언론보도도 있었다. 당시에는 소득하위 90% 아동에게만 아동수당을 지급했는데, 선별을 위한 행정비용에 적게는 770억 원에서 많게는 1,150억 원에

달했다는 것이다. 금융재산조사, 선별 작업을 위한 500여 명의 공무원 충원, 주민센터에 찾아가 신청서와 주택임대차계약서 등을 제출하는 국민불편비용까지 합한 금액이었다. 수많은 선별 복지를 없애면 이보다 많은 행정 비용을 아낄 수 있지 않을까.)

대한민국의 인구를 5,180만 명이라고 가정하면 90조 원의 돈으로 국민 1인당 약 월 15만 원(연간 180만 원) 가량의 기본소득을 지급할 수 있다.

(대한민국 인구는 2020년 약 5,180만여 명으로 정점을 찍었으며 이후 지속적으로 감소해 2029년에는 5,130만 명 밑으로 떨어질 전망이다.)[10]

여기에 전국 지방자치단체들이 쏟아내는 선별복지를 구조조정하면 추가 재원을 마련할 수 있다. 지방자치단체들은 단체장 선거에서 승리하기 위해 경쟁하듯 선심성 복지 정책을 남발하고 있다. 어르신공로수당, 청년수당 및 청년구직수당, 결혼장려금, 출산장려금, 임신·분만 축하금, 입학 축하금, 미혼자국제결혼지원사업, 출생

---

10) KOSIS 인구로 보는 대한민국, 2023년 6월 2일 검색,
https://kosis.kr/visual/populationKorea/
PopulationDashBoardDetail.do;jsessionid=iSJzIA1Hc
iBWBOMxNorjuwgpz2kWYiiE528xW61hAWwdP7p8x
uO9w8tUe4wXXNkV.STAT_WAS1_servlet_engine4

보험가입, 교복지원사업 등 그 종류가 하도 많아 파악조차 불가능하다. 결혼장려금, 출산장려금, 청년구직수당 등 일부 정책은 그 효과마저 불분명하다. 여기에 지방자치단체들도 중앙정부처럼 세금을 면제해 주거나 감해 주는 조세지출을 구조조정하면 추가 재원을 마련할 수 있다.

지방자치단체들은 이런 모호한 복지제도 이외에 지하철과 버스 무임승차 등으로 인한 적자를 보전해주는 데 상당한 돈을 지출한다. 이런 지출은 일종의 현물복지로 가격 기능을 왜곡해 효율성 저하를 초래할 뿐 아니라 교통 서비스를 많이 이용하는 고령자와 그렇지 않은 고령자 사이에 불평등을 야기한다. 차라리 무임승차를 없애고 대중교통 요금 가격 자체를 낮추든지(또는 인상을 억제하든지) 기본소득 재원으로 활용하는 게 경제적 효율성과 개개인의 효용 증대 측면에서 바람직하다.

중앙정부가 15만 원의 기본소득을 지급할 경우, 지방자치단체(광역단체와 기초단체의 재원을 합해서)들도 이의 3분의 1가량을 매칭 형식으로 지급하도록 하면 개개인에게 월 20만 원가량(연 240만 원)의 기본소득 지급이 가능하다.(지금도 상당수의 복지정책은 중앙정부와 지방자치단체가 공동 부담하는 매칭 형식으로 시행

되고 있다.)

일부 학자들은 여기에 소득세율 인상, 환경세·토지세 등을 새로운 세목 도입, 국가 채무 확대 등을 통해 추가 재원을 마련하자는 주장을 펴기도 한다. 이를 통해 월 30만 원의 기본소득 지급이 가능하다는 논의도 있다. 하지만 서두에서 밝힌 대로 새로운 세금을 도입하거나 국채를 발행하지 않고도 어느 정도의 기본소득 지급이 가능한지를 알아보자는 이 책의 취지상 논외로 한다.

이와 달리 중앙정부가 월 15만 원의 기본소득을 도입하고, 지방자치단체들의 기본소득 도입 여부는 개별 단체가 자율적으로 결정하도록 할 수도 있다. 다만 중앙정부와 보조를 맞춰 복지제도 구조조정을 통해 기본소득을 도입하는 지자체에 대해서는 인센티브를 주는 방식으로 도입을 유도하는 방안도 있다. 중앙정부가 지방자치단체에 지급하는 각종 교부금 산정 시 기본소득을 도입한 지방자치단체에 유리하도록 제도를 설계하는 방식 등이 있을 수 있다.

물론 이 경우 기본소득 도입 여부는 각 지방자치단체가 자율적으로 결정해야 할 사안이다. 국민들은 지방자치단체의 기본소득 도입 여부, 도입 시 그 액수 등을 비교한 뒤 자신의 주거지를 결정할 자유가 있다.

지금은 지방자치단체별로 복지 사업의 종류와 금액이 천차만별이어서 비교가 사실상 불가능하다. 하지만 복지 제도가 기본소득으로 어느 정도 단순화되면 비교가 가능하게 되고, 이는 지방자치단체 간 경쟁을 유발할 수 있다. 물론 이 경우에도 선거로 선출된 지방자치단체장이 표를 얻기 위해 기본소득 액수를 무한정 늘리지 못하도록 하는 안전장치가 필요하다. 지방자치단체의 재정건전성에 대한 기본적인 룰을 법률에 정하고 중앙정부와 지방의회가 이를 감시토록 해야 한다. 지방자치단체장들은 재정건전성을 최대한 유지하면서 주민들이 만족할 만한 기본소득 금액을 결정해야 할 것이다.

지방자치단체들이 재원을 어떻게 마련할지는 각 지자체의 복지사업 중 기본소득과 유사한 성격의 사업을 얼마나 정리하느냐에 따라 달라질 것이다. 여기에서 지방자치단체장의 능력이 판가름 난다. 지자체의 경제를 활성화해 많은 세수를 거두는 지자체장도 더 많은 기본소득을 지급할 수 있고 시민들은 그에게 표를 던질 것이다.

하지만 앞서 언급한 대로 몇 가지 항목은 정리할 필요가 있다. 우선 만성 적자에 시달리는 지하철이다. 지하철 적자의 가장 큰 요인은 무임승차다. 기본소득이 도입되면 무임승차 대상을 줄이거나 없애 지방자치단체의 지하철 지원 금액을 감액할 수 있다. 어르신에 대한 지하철 요금 지원은 일종의 현물보조로 가격 기능의 왜곡을 초래하며 그로 인한 손실은 다른 시민에게 돌아간다. 수익자 부담 원칙에도 어긋난다.

겉으로는 어르신을 위한 정책을 표방하지만 사실 평등한 정책은 아니다. 지하철마저 타지 못할 정도로 건강이 안 좋은 어르신은 무임승차의 혜택조차 받지 못한다. 기본소득을 도입함으로써 지하철·버스 티켓이라는 현물보조를 현금보조로 바꾸는 게 낫다.

기본소득 요건 중 하나로 '충분성'이라는 게 있다. 지급 수준이 최저생계비가 아닌 인간다운 삶 혹은 실질적 자유를 누릴 수 있는 수준이어야 한다는 것이다. 2022년 기준 우리나라 중위소득은 1인 기준 월 194만 원이며 중위소득의 50%는 약 월 97만 원이다. 기초생활보장제도상 생계급여가 중위소득의 30%이니 약 58만 원이다. 월 20만 원의 기본소득은 생계유지에 충분하지 않다. 따라서 기본소득이 도입되더라도 극빈층에 대한 복지혜택이 줄어들지 않도록 기본소득보다 많은 부분에 한해서는 제도를 유지하되 차후에 기본소득 금액을 높여 나가면서 통합을 이뤄내야 할 것이다. 처음에는 가능한 선에서 기

본소득을 도입하되 점차 최저생계비, 나아가 최소한의
인간적인 삶을 영위할 수 있는 수준까지 높여나가자는
것이다.

기본소득과 노동

　기존 복지제도와 함께 기본소득을 비판하는 사람들이 가장 많이 언급하는 게 기본소득과 노동의 관계에 대한 문제다. 이런 사람들은 기본소득이 노동의욕을 높이기는커녕 감소시킬 것이 확실하므로 기본소득을 도입해서는 안 된다고 주장한다. 이는 기본소득의 취지를 잘못 이해한 주장이다. 앞서 말했든 하나의 정책으로 두 가지 목표를 달성할 수는 없다. 기본소득은 최소한의 인간다운 생활을 위한 소득을 보장하고 소득의 예측가능성을 높여주기 위한 것이지 노동의욕을 고취하기 위한 정책은 아니다. 노동의욕을 고취하고 싶다면 그에 맞는 별도의 정책을 취해야 한다.

　하지만 모든 정책이 부수적인 효과를 낳듯이 기본소득도 노동의욕에 어느 정도 영향을 미칠 수는 있을 것이다.

　우선 기본소득이 노동의욕을 고취하는 측면을 생각해볼 수 있다. 안정적인 소득이 생기면 수급자는 적성에 맞지 않는 현재의 직장에서 벗어나 진정으로 자신이 원하는 일자리를 얻으려 이직을 하거나 (보수가 좀 적더라도)

직업 탐색 시간을 더 많이 가질 수 있다.

(물론 이는 기본소득이 20만 원보다 더 많아져 최소한의 생계는 유지할 수 있는 수준에 도달한 이후의 얘기다.)

이는 기존에 노동시장 자체에서 벗어나 있는 사람을 노동시장에 새로 진입시키는 것은 아니지만 수급자들이 자신이 하고 싶은 일을 할 수 있도록 도움으로써 노동의욕을 고취할 수 있다.

반대로 기본소득은 노동의욕을 떨어뜨릴 수도 있다. 말 그대로 어느 정도의 소득이 보장되니 일을 줄이거나 그만두는 원인으로 작용할 수 있다는 얘기다. 물론 이는 기본소득의 규모에 따라 달라질 것이다. 하지만 한 달 수십만 원의 기본소득에 기대어 일을 그만둘 사람은 많지 않을 것이다. 물론 기본소득이 수백만 원에 달한다면 얘기는 달라질 수도 있지만 이는 가능하지도 바람직하지도 않다. 사과는 많이 먹을수록 한계효용이 줄어들지만 돈은 많다고 해서 한계효용이 줄어들지 않으며 심지어 커지기도 한다.

또 한 가지 고려해야 할 것은 기본소득이 한창 일해야 할 청년들의 노동의욕을 저하시키느냐, 아니면 은퇴를 앞둔 50~60대의 노동의욕을 저하시키느냐에 따라 경제에 미치는 효과는 상이하다는 점이다. 이 부분은 좀 더 연구가 필요한 분야겠지만, 나이와 관계없이 기본적으로 성공에 대한 욕구, 남으로부터 인정받고 싶은 욕구, 더 많은 부를 갖기를 원하는 욕구 등 인간의 본성은 동일하다는 점을 감안하면 월 수십만 원의 기본소득이 노동의욕을 떨어뜨릴지에 대해서는 의구심이 든다.

기본소득이 노동의욕을 고취시킬지 저하시킬지는 알 수 없으나 소득 또는 재산이 늘면 지급액이 줄어드는 기초생활보장제도의 생계급여나 기초연금, 근로장려금보다는 노동 친화적일 것이라고 예상할 수 있다.

생계급여는 정부가 정한 최저보장수준에서 소득인정액을 뺀 차액을 지급하는 것이다. 4명으로 구성된 가족이 있다고 가정하자. 4인 가구의 최저보장 수준은 146만 2,887원이다. 이 가족의 가장 A씨의 소득이 50만 원이라면 이 가족은 96만 2,887원(최저보장수준 146만 2,887원에서 소득인정액 50만 원을 뺀 금액)을 생계급여로 지급받는다. 그런데 이 가족의 가장이 아르바이트라도 해서 50만 원의 추가 소득이 발생했다. 그러면 이 가족의 소득인정액은 100만 원으로 늘어나고 생계급여는 46만 2,887원으로 줄어든다.(최저보장수준 146만 2,887원에서 소득인정액 100만 원을 뺀 금액)

A씨는 일을 더 해 소득을 50만 원에서 100만 원으로 늘렸지만, 생계급여가 96만 2,887원에서 46만 2,887원으로 50만 원 줄어들어 실제 총 소득은 146만 2,887원으로 동일하다. 결국 A씨는 일을 할 필요가 없고 노동의욕은 사라진다. 하지만 기본소득은 다르다. A씨가 50만 원을 더 벌더라도 기본소득은 깎이지 않으므로 총 소득은 고스란히 50만 원 더 늘어난다. 근로 여부와 관계없이 일정한 소득을 보장해 주기 때문에 노동의욕이 사라지지 않는다. A씨가 일을 더 해 50만 원을 추가로 벌 경우 생계급여는 깎이도록 설계돼 있지만 기본소득은 그렇지 않다.[11]

　우리나라의 기초생활보장제도는 '복지 함정'의 전형적인 사례다. 복지 함정이란 일자리가 생기더라도 일을 하지 않고 복지에 의존해 살아가는 현상을 가리킨다. 복지의 함정은 기초생활보장제도와 같은 선별복지 제도에서 불가피하게 나타나는 현상이다. 일정 소득 이하에게만 복지 혜택이 돌아가다 보니 소득이 올라가면 복지 혜택에서 제외되고 이는 자연스레 복지의 함정으로 이어진다. 기본소득은 노동의욕을 고취하지는 못할지라도 적어도 기초생활보장제도처럼 복지의 함정을 유발하지는 않

11) 《기본소득의 경제학》, 39~40페이지 참조 , 강남훈, 박종철출판사

는다.

핀란드의 사례를 보자. 핀란드 정부는 2017년부터 만 2년간 구직수당 수령자 중 2,000명을 선별해 기본소득 실험을 진행했다. 특이한 점은 핀란드 정부가 기본소득 실험을 도입한 이유다. 핀란드는 복지를 늘리기 위해서가 아니라 노동의욕을 높이기 위해 기본소득 실험을 진행했다.

핀란드는 실업 기간이 길어지거나 취업한 적이 없는 국민에게 월 560유로의 구직수당을 지급한다. 구직 활동을 했다는 증명만 되면 노인이 돼 기초연금을 받을 때까지 무기한 구직수당을 받는다.(아마도 대부분의 실업자는 구직 활동을 형식적으로만 하고 구직수당을 받았을 것이다.)

핀란드 정부는 더 이상 이런 식의 구직수당 지급은 지속 가능하지 않다고 판단한 듯하다. 560유로의 구직수당을 받는 실업자는 그보다 훨씬 많은 급여를 주는 일자리가 생기지 않는 한 일을 하지 않고 구직수당을 받는 쪽을 택한다. 560유로의 급여를 주는 일자리를 얻으면 그 순간 구직급여는 사라지고 결국 수입은 똑같다. 일을 할 이유가 없는 것이다. 이는 취업자와 실업자 간 형평을 심각하게 해친다. 구직수당을 받는 실업자의 수가 많지 않을 때는 문제되지 않는다. 하지만 실업자가 크게 늘어나 구직수당이 재정에 부담을 줄 정도가 되면 상황이 달라진다. 결국 핀란드는 구직수당만 받고 일을 하지 않는 문제를 없애기 위해 근로 여부와 관계없이 돈을 주는 기본소득 실험을 도입했고, 이 실험이 노동공급에 어떤 영향을 미치는지 측정한 것이다.

핀란드의 실험 결과 고용이 증가했다는 유의미한 결과는 나오지 않았다. 물론 고용이 감소하지도 않았다. 하지만 기본소득 수급자의 행복도는 높아졌다. 일부 언론은 고용증가가 없다는 점을 들어 기본소득 실험은 실패했다고 주장한다. 이는 절반만 맞고 절반은 틀리다. 핀란드가 기본소득 실험을 한 이유, 즉 '기본소득을 통해 고용을 증가시킨다'는 측면에서 보면 목적을 달성하지 못한 것이 맞다. 하지만 고용이 늘지 않았다는 사실이 곧 노동의욕을 고취시키지 못했다는 논리로 연결되지는 못한다. 기본소득은 일자리를 얻어 소득이 늘어도 지급액이 깎이지 않는 만큼 구직수당보다는 노동의욕을 고취시킬 가능성이 높다. 하지만 노동의욕 고취가 곧 고용증가로 이어지는 것은 아니다. 일정 소득이 보장되는 만큼 직업 탐색의 시간이 길어졌을 수도 있고, 노동수요 부족으로 일자리 자체가 아예 없었을 수도 있다. 무엇보다 고용증가도 감소도 없이 수급자의 행복도가 높아졌다면 그 자체로 기본소득은 구직수당보다 우월한 정책수단인 셈이다.[12]

아일랜드의 기본소득 실험도 주목할 만하다.[13] 아일랜드 정부는 2023년 예술가들에게 일정한 수입을 보장해 생계 걱정 없이 창작에 전념할 수 있도록 보조해 주는 실험에 나섰다. 이 프로그램에 지원한 예술가 중 2,000명을 선정해 시범사업에 나선 것이다. 기본소득 금액은 연간 1만 6,900유로(약 2,364만 원)이며 지원 기간은 3년이다.

뉴욕타임스에 따르면 아일랜드 뿐 아니라 미국 뉴욕, 샌프란시스코, 미네소타도 예술가들을 대상으로 유사한 프로그램을 운영하고 있다. 기본소득을 받은 사람과 그렇지 않은 사람간의 차이를 비교·분석한 후에야 이 프로그램의 효과를 알 수 있을 것이다.

다만, 아일랜드와 미국의 기본소득 실험이 예술가를 대상으로 이뤄졌다는 점에 주목할 필요가 있다. 단순 노동이 아닌 창의력을 필요로 하며, 일하는 시간과 쉬는 시

---

12) 《기본소득의 경제학》, 82~84페이지 참조, 강남훈, 박종철출판사

13) 연합뉴스 2023년 3월 25일
   https://n.news.naver.com/mnews/article/001/0013837412?sid=104

간을 구분하기 어려운 분야가 바로 예술이다. 인공지능 (AI)과 로봇이 인간을 대체하는 고도의 기술 사회가 도래할수록 단순노동에서 벗어나 창의력을 요하는 업무의 양은 증가할 수밖에 없다. 이런 업무는 대부분 일과 휴식의 경계가 모호하다. 일주일에 몇 시간 일했는지 측정하는 것은 불가능하며 중요하지도 않다. 정해진 목표를 달성했는지, 그것이 어느 정도의 부가가치를 창출했는지가 중요해질 것이다. 그만큼 승자와 패자가 명확해지며, 한때의 승자가 한순간에 패자로 전락하는가 하면, 한때의 패자가 기발한 아이디어 하나로 승자로 돌변하는 시대가 도래할 것이다.

AI시대에는 불안정한 고용 상황에 놓이는 프레카리아트가 양산될 것이라는 암울한 전망이 나오고 있다.

컨설팅업체 맥킨지의 싱크탱크 맥킨지글로벌연구소 (MGI)는 '없어지는 일자리와 생겨나는 일자리, 자동화 시대의 노동력 전환' 보고서에서 AI와 로봇 등 자동화 기술로 인해 2030년까지 8억 개의 일자리가 사라질 것으로 전망했다. 반대로 고령화와 신기술 도입 등에 따라 약 5억 개의 새로운 일자리가 생겨날 것으로 예측했다.

한국고용정보원도 'AI·로봇의 일자리 대체 가능성 조

사' 보고서에서 2016년 기준 국내 전체 직업 종사자 가운데 12%가 AI·로봇으로 대체 가능하며, 2025년엔 이 대체율이 70%까지 높아질 것으로 내다봤다.[14] 대체될 일자리의 대부분은 저임금의 단순 반복 업무가 될 것이다. 심지어 작가나 카피라이터 같은 직업까지 AI가 잠식할 것이라는 전망도 적지 않다. 로봇을 소유한 1%와 일자리를 얻지 못한 99%의 사회로 나누어질 것이라는 우울한 전망이 나오는 배경이다. 사실 AI발 해고 사태는 이미 현실화되고 있다. 2023년 5월 미국에서 기업들이 AI의 등장을 이유로 감축한 인력 규모가 3,900명으로 집계됐다는 보도도 나왔다.[15]

이런 면에서 기본소득은 미래 어느 시점에는 도입될 수밖에 없는 복지제도다. 최소한의 생계를 보장해줌으로써 창의적인 일에 종사할 수 있도록 기반을 깔아 주고, 패자에게는 재기의 발판을 마련해 주며, 승자에게는 패자가 됐을 때 굶어 죽지 않을 것이라는 확신을 줄 수 있는 복지제도가 바로 기본소득이다.

---

14) 아시아경제, 2017년 11월 30일
https://www.asiae.co.kr/article/2017113009250340853&mobile=Y

15) 한국경제신문, 2023년 6월 2일
https://www.hankyung.com/finance/article/202306025099i

우리나라 사회안전망은 대부분 개인의 근로여부와 연계돼 있다. 이른바 '노동 연계 사회보장제도'다. 하지만 현실에서는 노동을 하면서도 사회보장 혜택을 받지 못하는 경우가 허다하다. 고용형태에 따라 사회보장 가입률에 현격한 격차가 존재하기 때문이다. 정규직의 경우 사회보험 가입률이 80%를 넘는 데 반해 비정규직은 50%에도 미치지 못하며 피견근로자와 용역근로자 같은 비전형 근로자나 시간제 근로자는 가입률이 30%에도 못 미친다. 더구나 AI와 로봇의 등장, 임금상승 등으로 기업들은 정규직 근로자 채용을 꺼리고 있으며, 기존 법체계를 벗어난 다양한 노동형태도 등장하고 있다. 즉 노동이 다양한 형태로 빠르게 분화되고 있어 법체계가 따라잡기에는 한계가 있다는 것이다. 이런 상황에서 기존 노동연계 사회보장제도를 아무리 촘촘하고 정교하게 설계한다 한들 한계가 있을 수밖에 없다.

고용시장에 진입한 사람조차 이러한데, 진입조차 못하거나 진입했다가 퇴출된 사람은 사회보장 혜택에서 아예 제외된다. 그 피해는 고스란히 청년에게 돌아간다. 2022년 기준 우리나라 전체 실업률은 2.9%인 반면 청년실업률(15세 이상 29세 이하)은 6.4%에 달한다. 이마저 상당수는 고용이 불안정한 저임금, 단기 일자리에 종사한다.

여기에 실업률 통계에 포함되지 않는 '구직 단념', '쉬었음', '도피성 진학(대학원 등)'까지 포함하면 실질적 실업률은 이보다 훨씬 높을 것이다.

우리 사회는 이들을 외면해선 안 되며, 이들이 자신의 재능을 충분히 발휘하도록 배려하기 위해서는 좀 더 단순하며 예측 가능한 사회안전망이 필요하다. 즉 기존의 노동 연계 사회보장제도는 노동시장에 진입한 적이 없거나 퇴출된 근로자, 비정규직 근로자에게는 '그림의 떡'과 같으며, 이는 특히 상대적으로 더 심각한 일자리 부족에 시달리는 청년층에게 절실한 문제다.

취업을 하지 못하는 청년은 다른 복지혜택에서도 거의 제외돼 있어 향후 큰 사회적 문제가 될 것이다.

근로형태별 사회보험가입자 비율[16]

(단위 : %, 2022년 8월 기준)

	국민연금 (직장가입자)	건강보험(직 장가입자)	고용보험
임금근로자	70.0	78.5	77.0
정규직	89.1	94.5	92.2
비정규직	38.3	51.7	54.0
한시적	48.1	65.2	60.5
기간제	50.9	68.7	62.1
비기간제	28.1	40.5	48.6
시간제	19.9	29.6	32.1
비전형	18.3	33.1	49.5

---

16) 통계청 국가통계포털(KOSIS),
   https://kosis.kr/statHtml/statHtml.do?orgId=101&tb
   lId=DT_1DE7081S&vw_cd=MT_ZTITLE&list_id=101_
   B1A&seqNo=&lang_mode=ko&language=kor&obj_var_
   id=&itm_id=&conn_path=MT_ZTITLE

기본소득과 최저임금

　문재인 정부에서 급격한 최저임금 인상은 가장 큰 논란거리였다. 최저임금 인상의 취지는 두말할 나위 없이 훌륭하다. 저소득 근로자의 임금을 높여 생활수준을 향상시키고 경제도 활성화시키자는 것이 문재인 정부의 비전이었다. 최저임금 인상은 문재인 정부의 트레이드마크인 '소득주도성장'의 핵심이었다.

　최저임금을 높여 가야 한다는 데 이견을 다는 사람은 많지 않을 것이다. 하지만 문제는 인상 속도였다. 2년 연속 두 자릿수의 인상률을 밀어붙이자 고용시장은 큰 혼란에 빠졌다. 고용 절벽이 현실화됐고. 당장 비용 부담이 늘어난 자영업자의 아우성이 빗발쳤다. 반발이 확산되자 결국 문재인 정부는 최저임금 1만 원 공약을 철회하기에 이르렀다.

　고용시장에서 '가격 변수'에 해당하는 최저임금의 급격한 인상은 몇 가지 문제점을 내포하고 있다. 최저임금은 근로자에게 최소한의 인간다운 생활을 보장하자는 취지에서 뉴질랜드에서 처음 도입한 제도다. 말 그대로 최소한 지급해야 할 임금이지 복지의 수단은 아니다. 하지만 문재인 정부는 최저임금을 복지와 성장의 수단으로 삼아 급격히 올려버렸다. 복지는 정부의 역할인데, 이 부담을 기업과 자영업자에 떠넘긴 것이다. 그 결과는 주지하다시피 급격한 고용 감소였다.

최저임금 인상으로 이익을 본 사람은 취업에 성공한 근로자들, 그중에서도 상대적으로 임금이 낮아 최저임금 수준의 임금을 받는 정규직 근로자들이었다. 반면 일자리를 찾고 있던 취업준비생, 짧은 고용기간이 끝난 후 다시 일자리를 구해야 하는 임시직, 높은 임금 부담을 져야 했던 중소기업과 자영업자들은 일자리 감소와 비용부담 증가로 피해를 입었다.

최저임금 인상을 통해 복지의 부담을 중소기업과 자영업자에 떠넘긴 정부는 행복했을까? 아니다. 고용이 감소하니 저소득층에 대한 각종 지원과 공공일자리를 늘려야 했고, 이는 재정지출 증가로 나타났다. 공공기관은 '고용을 늘리라'는 정부의 압박에 채용을 대규모로 늘렸다. 꼭 필요하지도 않은 직원을 뽑은 공공기관의 비용부담은 늘어나고 그 부담은 결국 국민에게 돌아갈 것이다. '가격 개입은 최하수의 정책'이라는 기본 명제를 문재인 정부는 최저임금의 급격한 인상을 통해 몸소 증명했다.

기본소득은 최저임금과 달리 가격 변수가 아니다. 모든 사람에게 같은 금액이 지급되기 때문에 시장 기능을 왜곡시키지 않는다.

좌절과 굴욕을 주는 신청주의는 그만!

선별복지의 문제점 중 하나는 그 특성상 신청주의를 기반으로 한다는 점이다. 이런 신청주의는 주민센터나 은행에 갈 시간조차 없을 정도로 힘들게 밥벌이를 해야 하는 저소득층, 필요한 서류의 이름조차 이해할 수 없는 어르신과 장애인에게는 복지의 허들로 작용한다. 이 허들은 복지 사각지대를 초래한다.

가장 기본적인 복지인 기초생활수급 신청은 제출해야 하는 서류만 최소 5가지라고 한다. 은행에서 소득 관련 서류를 떼야 하고, 병원에서 의사 소견서를 받아야 하며, 부양의무자 소득까지 따져야 해 평소 연락하지 않는 친지를 찾아야 한다. "정부 지원을 받고 싶어도 엄두조차 안 난다"는 하소연이 나올 수밖에 없다.[17]

만 18세 이상 중증 장애인 중 소득이 일정 기준 이하인 이들에게 지급하는 '장애인 연금'도 소득·재산 신고서, 본인 명의 계좌 통장 사본, 주택 정보 제공 동의서 등 제출해야 하는 서류가 최소 5가지이며, '기초연금'

---

17) 조선일보 2022년 9월 2일
   https://n.news.naver.com/mnews/article/023/0003713662?sid=102

역시 사회복지서비스 및 급여 제공 신청서, 소득·재산 신고서, 금융 정보 제공 동의서(본인 및 배우자), 통장 사본 등을 내야 한다. 일단 서류 명칭부터 무슨 말인지 알 수 없는 경우가 많다. 정작 복지서비스를 필요로 하는 저소득층, 노인, 장애인일수록 이런 허들에 걸릴 가능성이 크다.

액수도 많지 않은 소소한 복지제도가 부처별, 지방별로 여기저기 흩어져 있어 도대체 자신이 어떤 복지를 받을 수 있는지 알 수 없고, 일선 공무원조차 정확한 내용을 알지 못하는 경우가 허다한 점도 문제다. 복잡한 지원 조건을 덕지덕지 달고 있는 복지제도가 너무 많은 것이 복지의 허들을 높이고 있는 것이다. 공급자 위주의 보여주기식 복지의 폐단이다.

이러니 생활고에 시달리다 극단적 선택을 한 '수원 세 모녀' 사건이 터질 수밖에 없는 것이다.

실제로 자신이 어떤 복지 혜택을 받을 수 있는지, 어떻게 신청하는지 등을 모르는 사람이 복지도움을 신청한 건수는 2019년 4,325건에서 2020년 1만 8,103건으로 4배 이상 늘었다. 2021년에도 1만 4,521건이 접수됐다.[18]

---

18) 노컷뉴스, 2022년 10월 2일
    https://n.news.naver.com/mnews/article/079/0003691468?sid=102

2021년 한국보건사회연구원이 보건복지부에 제출한 '국민기초생활보장제도 접근성 강화 방안 연구' 보고서도 신청의 어려움을 복지 사각지대의 중요한 원인으로 지목했다.

보고서는 '신청 절차상 필요한 서류의 준비, 선정 과정의 복잡함은 제도 신청에 대한 진입을 어렵게 하고 그 과정에 적절한 지원을 받는 것에 어려움을 경험하게 할 수 있다. 또한 이런 절차적 과정뿐만이 아닌 수급 신청이라는 것에 대한 낙인감으로 인해 수급 신청을 기피할 수 있다'고 지적했다.[19]

기초생활보장제도의 혜택을 얻기 위해서는 법이 정한 신분확인서류, 사회보장급여 신청서, 본인 금융정보, 부양의무자 금융정보 제공 동의서(일부 급여), 임대차계약 관계 증빙서류 등을 제출해야 한다. 여기에 경우에 따라서는 추가로 다른 서류를 더 내야 한다는 것이다. 특히 부양의무자에 대한 금융정보동의서 같은 경우에는 가족 단절, 이혼 등 가족사적 문제로 관련 서류를 마련하지 못해 신청을 포기하는 사례도 적지 않다.

준비서류는 이전보다 더 많아진 반면, 법이 정한 처리

---

19) 국민기초생활보장제도 접근성 강화 방안 연구, 33페이지 참조, 한국보건사회연구원,

시한은 30~60일로 두 배가량 늘어났다는 지적도 있다.

언론보도를 보면 복지제도를 한데 모아놓은 '복지로' 사이트에서 검색되는 복지 서비스 종류만 모두 4,813건에 달한다고 한다. 중앙부처가 364건, 지자체가 4,094건, 민간이 355건이다.

신청주의는 결국 '아는 사람만 받을 수 있는 복지'라는 문제점을 초래한다. 선별복지를 유지하는 상황에서 정부가 먼저 복지 대상자를 파악해 제공하려면 막대한 공무원 확충과 재량권 부여가 필요한데, 이는 행정적 비효율을 초래할 것이다.

신청주의는 국민의 자존감을 떨어뜨리는 문제도 있다. 수급신청자가 느끼는 낙인감과 좌절감이 특히 크다. 주변 시선을 차단하기 위해 주민센터 등에 상담실을 설치하는 경우도 있으나 상담하는 공무원의 시선까지 피하지는 못한다.

복지를 신청하러 온 민원인을 깔보는 듯한 공무원의 태도는 여러 차례 문제점으로 지적돼 왔다.

인간은 누구나 작은 권력만 주어져도 그 권력이 자기 것인 양 행세하기 마련이다.

국가가 위임한 권한을 자기 권한인 것처럼 착각하는 공무원은 그 수가 많지 않더라도 언제 어디서나 존재하기 마련이고 어떤 인간이든 이런 착각에 빠지기 십상이다.

설사 복지 공무원이 친절하게 대하더라도 수급신청자 본인이 스스로 느끼는 자괴감은 떨치기 어렵다. 이런 사실이 알려졌을 때 신청자에게 비수처럼 꽂히는 낙인효과의 부작용은 더 크다.

그렇다면 신청주의를 없애고 국가가 직접 개개인의 상황을 파악해 복지서비스를 제공하는 대안을 생각해 볼 수 있다. 조지 오웰의 '빅 브라더'를 허용한다면 가능한 일이다. 5,000만 국민의 소득, 재산 상황을 모두 파악하고, 그를 부양할 가족의 유무까지 복지 담당자가 모두 파악해 복지 서비스를 제공할지 여부를 결정하는 것이다. 이런다고 복지 사각지대가 사라질까. 이 모든 걸 파악해 복지혜택을 제공할지 결정하는 복지 담당자(미래에는 AI가 될 수도 있겠다)는 과연 항상 올바른 결정을 내릴 수 있을까. 무엇보다 이 복지 담당자는 가장 강한 권력을 쥔 빅 브라더가 될 것이고 그런 존재의 출현은 누구도 원하지 않을 것이다.

선별복지론자들이 주장하는 핀셋지원은 일견 그럴듯하지만 실은 허상에 불과하다.

선별복지가 더 포퓰리즘이다

일부 학자나 정치인들, 일부 극우보수 언론은 기본소득을 '포퓰리즘'적 정책이라고 공격한다.

어떤 정책이 포퓰리즘인지에 대한 명확한 정의는 없다. 미국의 역사학자 리처드 호프스태터는 "누구나 포퓰리즘에 대해 말하지만, 그것이 무엇인지 아무도 정의하지 못한다"고 했다.

다만 포퓰리즘이란 '본래의 목적을 외면하고 일반 대중의 인기에만 영합하여 목적을 달성하려는 정치 행태', '자신들만 국민을 대표한다고 주장하면서 정치적 경쟁자를 부도덕하고 부패한 엘리트로 모는 등 다원주의를 부정하는 정치 행태' 등을 의미하는 것으로 쓰인다. 즉 자기 지지 세력을 위해 나머지 구성원을 적으로 돌림으로써 법·제도를 위축시키는 행태다.

사실 이런 정의 역시 불확실하다 보니 정치권이나 언론은 포퓰리즘을 상대방을 공격하기 위한 프레임 씌우기로 활용한다. '내가 하면 복지, 남이 하면 포퓰리즘' 즉 '내복남포'가 된 것이다.

대중의 인기를 얻기 위해, 특히 선거에서 이기기 위해

표를 줄 법한 특정 계층을 겨냥해 정책을 남발하는 것을 포퓰리즘이라고 정의한다면 상당수의 선별복지는 실질적으로 포퓰리즘이라고 볼 수밖에 없다. 그 정책이 본래의 목적을 외면한 것인데다 지속가능하지 않다면 더욱 그렇다.

하나의 사례를 보자. 20대 대통령 선거를 불과 한 달도 남겨두지 않은 2022년 2월 문재인 정부의 금융위원회가 출시한 청년희망적금은 포퓰리즘 정책의 전형이다.

당시 금융위원회 보도자료를 보면 청년희망적금은 청년의 안정적 자산관리 지원을 위해 저축장려금이 추가 지원되고 이자소득 비과세가 지원되는 적금 상품이다.

가입 요건은 총 급여 3,600만 원(종합소득금액 2,600만 원) 이하 만 19~34세 청년이며, 월 50만 원 한도 내에서 적금(만기 2년)을 납입하면 시중 이자에 더해 저축장려금을 추가로 지원받는다.

저축장려금은 1년 차 납입액의 2%, 2년 차 납입액의 4%만큼 지원된다. 즉 매월 50만 원씩 2년간 납입하는 경우 최대 36만 원의 저축장려금이 지원된다.

여기에 이자소득세 및 농어촌특별세가 과세되지 않는다. 은행들이 기본 5%의 금리를 주고, 세금이 부과되지 않으며 정부가 최대 36만 원의 저축장려금까지 주니 금리가 10%에 달하는 초고금리 상품인 것이다.

청년희망적금 개요[20]

가입 연령	만19~34세 이하
가입 조건 (소득)	직전 과세기간(2021년 1~12월) 총급여 3,600만 원(종합소득금액 2,600만 원)이하
납입액	월 50만 원 한도(2년 만기)
지원 내용	은행이자(연5%), 이자소득 비과세 저축장려금 최대 36만 원 (1년 차 납입액의 2%, 2년 차 납입액의 4% 지원)

이 상품은 누가 봐도 대통령 선거를 겨냥한 선심성 정책이다. 우선 지원대상이 왜 19~34세인지에 대한 설명이 없다. 34세는 청년이고 35세는 청년이 아니라는 관례나 법은 어디에도 없다.

청년고용촉진특별법과 그 시행령은 청년의 나이를

---

20) 금융위원회 보도참고자료, '2.21(월) 청년희망적금이 출시됩니다'. 2022년 2월 21일

기본적으로 15세 이상 29세 이하로 하고 있다. 다만, 공공기관이나 지방공기업이 청년 미취업자를 고용하는 경우에는 15세 이상 34세 이하를 청년으로 규정하고 있다.

청년희망적금 가입 당시 35세인 사람에게 '당신은 청년이 아니니 가입할 수 없다'고 한다면 아무 불평 없이 받아들일 35세가 과연 있을까.

소득 기준도 엉터리다. 총급여 3,600만 원 이하인 사람에게만 가입 자격이 주어지는데, 급여 3,700만 원을 받는 사람은 자산 관리의 필요성이 없단 말인가.

또 소득증명을 요하기 때문이 아예 소득이 없는 사람은 가입 대상에서 배제된다. 청년의 안정적 자산관리 지원이라는 청년희망적금이 소득이 있는 사람보다 소득이 없는 사람을 더 차별적으로 대우하는 것이다.

2년간 적금을 부어야 하므로 '소득이 없는 사람은 돈이 없으므로 적금도 넣을 수 없다'는 것일까? 억울하면 취업을 하라는 취업 촉진책이라고 보기에도 어렵다. 직전 과세기간을 기준으로 하고 그 해에만 한시적으로 시행된 것이어서 제도 시행 이후 취업을 한다고 해도 대상이 되지 않는다.

또 직장에 다니다가 그 전해에 실직을 한 사람은 적금

을 부을 돈이 있으면서도 가입을 할 수 없는데 이에 대해서는 어떻게 설명을 할 수 있을까.

자산기준도 없다. 대부분의 복지 제도가 본인이나 가족에게 일정 이상 자산이 있을 경우 대상에서 제외하는데 청년희망적금은 그렇지 않다. 고가 아파트를 보유하고 있지만 소득이 적은 청년은 가입할 있는 반면, 자산은 전혀 없지만 소득은 높은 청년은 가입할 수 없는 이상한 결과가 나온다. 이미 어느 정도 자산을 형성했지만 소득은 적은 청년은 예산으로 지원하는 반면 어느 정도의 소득은 있지만 자산은 없는 청년은 지원에서 배제하니 '자산관리 지원'이라는 제도의 취지와도 맞지 않는다. 재산까지 소득으로 환산해 소득이 일정 수준 이상이거나 재산 자체가 일정 수준 이상이면 복지혜택에서 제외하는 다른 복지제도와 상충된다는 문제도 있다.

3월 대선을 앞두고 2월에 출시를 강행했으니 '청년 표를 노린 포퓰리즘', 기준이 불명확하니 '청년실망적금'이라는 비아냥거림이 나오는 것도 무리는 아니다.

'~청년', '~어르신'이라는 명칭이 들어간 대부분의 복지 정책은 포퓰리즘이라는 비판에서 자유로울 수 없다. 선거 승패의 최대 변수인 청년이나 어르신의 좌절감을 이용해 표를 얻겠다는 얄팍한 계산에 불과하다. 어떤 때는 나이를 기준으로, 어떤 때는 소득 내지 자산을 기준으로 전 국민을 갈라쳐 복지 혜택을 차별하는 것은 사실 선별복지라고 부르기에도 창피할 정도로 정책 목표와는 거리가 먼 저급한 포퓰리즘이다.

포퓰리즘은 근본적으로 갈라치기에서 출발한다. 전 국민을 나이, 성별, 자산규모, 소득규모라는 잣대로 나누어 특정 계층만을 위한 복지를 남발하는 것이다.

문재인 정부의 임대차 3법(계약갱신청구권제, 전월세 상한제, 전월세 신고제)은 대한민국 국민을 갑을로 나누는 이분법적 사고에서 출발한다. 임대인은 갑, 임차인은 을 그리고 임대인은 악, 임차인은 선이라는 도식이 그것이다. 임대차 3법의 부작용은 이루 말할 수 없다. 계약갱신 시 임대료 상승률이 5%로 제한되는데 이렇다 보니 신규 임대와 갱신 임대의 임대료가 달라지고 전월세 가격이 3중으로 형성되는 등 시장이 교란됐다. 갱신청구권을 행사하면 집주인이 직접 들어와 살겠다며 세입자를 내보내는 경우가 발생하고, 심지어 신규 계약 시 미리 전세금을 대폭 올려 받아 전세대란이 발생할 것이라는 우려도 현실화됐다. 임대인뿐 아니라 임차인까지 피해를 본 것이다. 전세가 상승기에는 5%로 제한되지만 하락기에는 아무런 제한이 없는 것은 임대인은 악, 임차인은 선이라는 문재인 정부의 이분법적, 반시장적 사고 구조를 여실히 보여준다. 납품단가연동제 같은 정책도 중소기업은 '을', 대기업은 '갑'이라는 이분법적 도식에 근거한 제도라는 점은 의심의 여지가 없다.

어떤 기업이 갑의 위치에 있느냐 을의 위치에 있느냐는 그 기업의 규모가 아니라 제공하는 서비스나 재화에 대한 독점력 보유 여부에 따라 결정된다. 규모가 작더라도 독점력을 보유하고 있으면 가격결정력을 가지는 갑이 되며, 규모가 크더라도 독점력이 없으면 을일 수밖에 없다.

그런데 독점력은 결국 기술력과 브랜드 파워에 의해 결정된다. 물론 대기업일수록 기술력이 높을 수밖에 없으므로 가격결정력을 가질 가능성이 높고 그만큼 갑의 위치에 있는 경우가 많지만, 본질은 규모가 아니라 기술력에 있다는 점이다. 납품단가연동제는 단기적으로는 원자재 가격 상승 시 중소기업을 보호하는 기능을 할 수도 있겠지만 장기적으로는 중소기업을 불합리하고 과도하게 보호함으로써 혁신의 동력을 떨어뜨리고 대기업이 국내 중소기업과의 거래를 회피하게 만들 것이다.

더 큰 문제는 갑은 곧 악이라는 도식에 근거하고 있다는 점이다. 시장경제에서 모든 기업은 기술력을 통해 독점력을 보유함으로써 수익을 올리고 규모를 키우기 위해 무한경쟁을 한다. 기술의 진보와 혁신은 바로 이런 욕망에서 비롯되는데 납품단가연동제는 이런 시장경제의 근본을 무시한다. 이런 측면에서 납품단가연동제도 포퓰리즘적 정책이라는 비판을 피할 길이 없는 것이다.

청년희망적금, 청년특공, 임대차 3법뿐 아니라 대부분의 선별복지 내지 가격 개입 정책은 태생적으로 이런 문제점을 내포하고 있다. 선별복지는 아무리 정교하게 제도를 설계하더라도 이런 논란에서 자유롭지 못하다.

청년희망적금 같은 특정 계층이나 특정 나이를 대상으로 하는 정책이 보수·진보를 막론하고 선거철만 되면 대거 등장하는 것은 결코 우연이 아니다. 약자를 돕는다는 명분으로 무장한 선별복지는 유권자를 나이, 소득, 재산, 성별, 직업 등으로 갈라치기 함으로써 강성 지지자를 확보하겠다는 얄팍한 술수에서 나오는 경우가 많다. 이는 세상에는 약자와 강자만 존재한다는 이분법적 사고방식을 유포함으로써 사회 갈등만 야기한다.

과거에는 사회적 혜택을 받지 못하는 소외계층을 더 두텁게 보호한다는 취지에서 출발했으나 최근에 와서는 무책임한 포퓰리즘 정책으로 변질된 것이 바로 선별복지인 것이다.

물론 선별복지가 무조건 나쁜 것은 아니다. 복지 혜택의 수혜자와 비수혜자를 나누는 기준에 합리성이 있다면 포퓰리즘이라고 치부할 수 없다. 더구나 재원이 한정된 상황에서는 어쩔 수 없이 선별복지가 필요할 수도 있다. 하지만 앞서 살펴본 것처럼 기준의 합리성 없이 단순히 국민을 갈라쳐 복지 혜택을 차별하는 정책은 포퓰리즘이라고 할 수밖에 없다.

유권자를 내 편 네 편으로 나누는 것만이 포퓰리즘은 아니다. 편 가르기를 하지 않더라도 지속 가능성 없이 복지를 살포하는 것도 포퓰리즘이다.

일부 보수언론, 학자, 정치인들이 "재원이 한정된 상태에서 전 국민을 상대로 기본소득을 도입하는 것은 나라를 빚더미에 앉히는 미래를 생각하지 않는 포퓰리즘"이라고 주장하는 것은 이런 논거를 전제로 한다.

하지만 우리 사회 곳곳에 있는 효율적이지도 공평하지도 않으며 기본소득의 취지와 중복되는 복지 및 세제 혜택을 기본소득과 통합해 재원을 마련한다면 포퓰리즘 논란으로부터 벗어날 수 있다. 이를 통해 편 가르기를 하지 않으면서 예측가능하고 최소한의 생계를 보장하는 소득을 줄 수 있다. 이 책의 상당 부분을 기본소득 재원 마련에 할애한 것은 이 때문이다.

선별복지의 비극, 창신동 모자 사건
- 도대체 얼마나 가난해야 할까 -

2022년 4월 서울 종로구 창신동에서 노모와 50대 아들이 숨진 지 한 달여 만에 발견됐다.[21]

생전 아들은 고혈압을 앓고 있었고, 어머니는 하반신을 사용하지 못하는 장애를 갖고 있었다고 한다. 당시 언론보도를 보면 어머니의 기초연금과 국민연금을 합한 55만 원이 이들 모자 소득의 전부였으며 기초생활보장제도상 생계급여를 받지 못했다고 한다. 이들 모자는 일제 강점기인 1930년도에 지어진 목조주택을 한 채 소유하고 있었는데, 이 집 때문에 생계급여 대상자에서 탈락했다고 한다. 이는 기초생활보장제도의 '소득인정액'이라는 이상한 제도 탓이다. 소득인정액은 월 소득평가액과 재산의 소득환산액을 합한 것인데 창신동 모자의 경우 재산의 소득환산액이 문제가 됐다.

재산의 소득환산은 '암호풀기'라는 원성을 들을 만큼 복잡하기로 악명 높다. 소득환산은 주거용 재산, 일반재

---

21) KBS, 2022년 4월 22일
    https://n.news.naver.com/mnews/article/056/0011253647?sid=102

산, 금융재산, 자동차 등에 대해 이뤄진다.

기초생활보장제도 재산 종류별 소득환산율

(단위 : %)

주거용 재산	월 1.04
일반재산	월 4.17
금융재산	월 6.26
자동차	월 100

　이를 창신동 모자에 대입해 보자. 창신동 모자가 보유한 주택의 가액은 1억 7,000만 원(2021년 기준 공시지가)이었다.

　생계급여는 기본재산 공제액(대도시의 경우 6,900만 원)과 주거용 재산 한도액(대도시 1억 2,000만 원)을 두고 있다.

　당시 주거용 재산 한도액인 1억 2,000만 원 가운데 기본재산 공제인 6,900만 원을 제외한 5,100만 원을 1.04%로 환산하고, 나머지 5,000만 원(1억 2,000만 원 초과 부분으로 일반재산에 해당)을 4.17%로 환산해 이들 모자는 월 261만 원의 소득이 있는 것으로 간주됐다.

90년 된 낡은 집 한 채를 보유한 것만으로도 261만 원의 월 소득이 있는 것으로 간주됐고, 2인 생계급여 신청 기준인 97만 원을 훌쩍 넘어 수급자에서 탈락하는 어처구니없는 일이 벌어진 것이다. (생계에 바쁜 일반 사람이 이 계산법을 이해하기란 쉽지 않다. 창신동 모자의 경우 주택만 문제가 됐지만 이런저런 소소한 재산을 보유하고 있다면 계산은 더 복잡해진다.)

4.17%라는 숫자는 일견 별것 아닌 것 같아 보이지만 따지고 보면 속된 말로 어마어마한 숫자다. 4.17%를 연으로 환산하면 50.04%에 달한다.

연 50.04%라는 숫자는 무엇을 의미할까. 한마디로 보유한 재산을 처분해 2년 내 모두 소진하면 그때서야 생계급여를 주겠다는 뜻이다. 4.17%라는 숫자가 도대체 어떤 근거에서 나온 것인지도 알 수 없다. 추정컨대 생계급여 예산이 정해진 상태에서 예산을 초과하지 않도록 생계급여 대상자를 한정해야 했고, 그에 맞게 역산해 4.17%라는 숫자가 나온 것으로 보인다. 이런 상황은 일반재산, 금융재산, 자동차 모두 마찬가지다.

창신동 모자 사망 사건은 엄격한 재산심사를 바탕으로 한 선별복지가 불러온 비극이다. 선별복지에서는 근본적으로 복지사각지대가 발생할 수밖에 없다. 아무리 제도를 정교하게 설계한다 한들 시시각각 변하는 시대상까지 모두 반영할 수는 없기 때문이다. 복지혜택 신청을 위한 문턱이 존재할 수밖에 없고 신청 과정에서 느끼는 자괴감도 이루 말할 수 없다.

생활보호제도를 대체해 2000년 10월부터 시행된 기초생활보장제도는 빈곤층 사회안전망으로서의 역할을 어느 정도 수행해 온 것이 사실이지만, 엄격한 소득 및 재산 기준과 신청의 어려움으로 복지 사각지대를 없애지는 못했다. 사각지대 발생의 가장 큰 원인은 사적 부양의 원칙을 적용한 부양의무자 기준과 본인의 소득과 재산의 우선적 활용을 원칙으로 하는 소득인정액 기준 때문이다. 이 가운데 부양의무자 기준은 대부분 폐지됐으나 창신동 모자 사건에서 보듯 소득인정액 기준은 여전히 많은 복지 사각지대를 만들어 내고 있다.

현 제도하에서 창신동 모자가 생계급여의 혜택을 받기 위해서는 유일한 보금자리인 1억 7,000만 원짜리 목조주택을 팔아 세입자로 전락해야만 가능하다. 그렇다고 바로 수급자가 되는 것도 아니다. 금융재산도 소득으로 환산되므로 이들은 집을 팔아 번 돈을 모두 써버리거나 어딘가에 숨겨야 한다. 가난해야만 혜택을 주는 복지제도가 오히려 가난을 강요하는 셈이다. 현대사회의 필수

품인 자동차도 보유하면 안 된다.

자동차의 소득환산은 예전부터 큰 문제로 지적돼 왔다. 자동차는 극히 예외적인 경우(소형차, 10년 이상 중고차, 장애인 보유 차량 등)를 제외하고는 월 환산율이 100%에 달한다. 1,000만 원짜리 중형차를 보유하고 있다면 월 소득을 1,000만 원으로 간주한다는 뜻이다. 주거용 재산이나 일반재산, 금융재산과 비교해 월등히 높다.

중형차 이상의 자동차를 가진 사람이 복지혜택을 받는 것은 국민정서에 배치된다는 이유에서 이렇게 정해진 것인데, 현대사회의 필수품인 자동차를 사치재로 간주하는 것은 현실과는 너무나 거리가 멀다.

더구나 최근 대세인 전기차 가격은 일반 내연기관차보다 훨씬 높다. 생계용 자동차의 경우 환산율을 낮춰 주기는 하지만 그 기준은 여전히 까다롭다.

현재의 소득인정액 기준, 그중에서도 재산에 대한 소득환산은 수급자의 탈빈곤을 돕기는커녕 방해만 하는 독소조항이다. 하지만 선별복지제도하에서 재산의 소득환산은 필연적이다. 그 기준을 완화하더라도 복잡한 소득환산 계산식은 일반인이 이해하기 어려울 뿐더러 사각지대를 없애지도 못한다.

일각에서는 창신동 모자의 비극을 '공무원 살인'이라

고 칭한다. 종로구청 공무원들이 이들 모자의 집 상태 등 생활상을 한 번도 살펴보지 않고 서류로만 판단해 복지혜택에서 제외함으로써 죽음으로 몰고 갔다는 이유에서다. 실제 당시 언론보도에 따르면 종로구청 관계자는 "창신동 모자의 경우 기초생활 수급 대상이 아니기에 가정방문이 이뤄지지 않았다"고 주장했다. "그분들의 집 상태나 거주 환경이 열악하긴 했지만, 집이라는 재산이 있다. 그것조차 없는 분들도 많기에 구청 입장에서는 그분들을 우선적으로 관리할 수밖에 없다"고 했다는 것이다.[22] 이 종로구청 관계자의 발언은 현행 선별복지하에서는 극히 타당한 말이다. 하지만 한 번 더 생각해 보자. 도대체 얼마나 가난해야 도움을 받을 수 있다는 말인가.

창신동 비극을 공무원들의 안일한 행정 탓으로 돌리는 논자들은 공무원들의 적극 행정으로 복지 사각지대를 해소할 수 있다고 주장하지만 허황된 얘기일 뿐이다. 적극 행정을 위해서는 또 다시 막대한 재정을 투입해 공무원 숫자를 늘려야 하며, 설사 늘린다 한들 사각지대가 해소될지 의문이다.

---

22) 투데이신문, 2022년 5월 2일
   http://www.ntoday.co.kr/news/articleView.html?idxno=91828

무엇보다 공무원에게 적극행정을 요구하는 것 자체가 문제다. 공무원을 직업으로 택한 사람은 안정성을 무엇보다 중시하는 부류들이다. 비록 큰돈은 벌지 못하지만 정년을 보장받으면서 안정적인 수입을 목표로 하는 사람이 택하는 게 공무원이라는 직업이다. 한마디로 위험회피 성향이 크다는 뜻이다. 물론 그중에는 나라를 위해 봉사하겠다는 큰 뜻을 품은 사람도 있겠지만 이런 선의를 수십만 명의 공무원에게, 특히 일선 지자체의 민원 담당 공무원에게까지 바라는 것은 무리다.

　더구나 공무원은 법 집행을 주 업무로 한다. 법에 따르면 창신동 모자는 명백히 생계급여 대상자가 아니다. 그런데도 창신동 모자의 집을 방문해 열악한 거주 환경을 확인한 뒤, 창신동 모자에게 생계급여나 다른 복지혜택을 제공했다면 그 공무원은 아마 징계를 받거나 해고됐을 것이다.

　선별복지의 근본적인 문제로 발생한 창신동 모자사건을 공무원의 소극행정 탓으로 돌리는 것은 누군가에게 책임을 지움으로써 자기 위안과 책임회피는 할 수 있을지언정 근본적인 해결책은 될 수 없다.

주요국 노인빈곤율[23]

(단위 : %, 2019년 기준)

국가	66세 이상
캐나다	12.6
프랑스	4.4
핀란드	7.4
영국	15.5
이스라엘	18.9
노르웨이	4.3
스웨덴	11.1
미국	23.0
한국	43.2

23) https://data.oecd.org/inequality/poverty-rate.htm

기본소득과 재정환상

기본소득 도입을 위해 각종 세금공제를 없애고 복지까지 통합하면 사실상의 '증세'로 국민의 세 부담이 늘어날 것이라는 반론이 있을 수 있다. 하지만 이런 비판은 세금이라는 측면만 고려했을 뿐 기본소득으로 얻는 수입은 고려하지 않은 것이다.

이처럼 정부로부터 얻는 수입(여기서는 기본소득)은 무시하고 세금 부담만 무겁게 느끼는 현상을 '재정환상'이라 부른다.

사실 국가채무를 늘리지 않고 기존 세금공제와 복지를 통폐합해 마련한 돈으로 기본소득을 도입하면 사회 전체적으로 새로운 부담이 생기지는 않는다. 다만, 각 개인의 소득 수준이나 가족의 수 등에 따라 이익을 보는 사람과 손해를 보는 사람이 엇갈릴 수 있다.

예컨대 4인 가구 홑벌이에 연봉 8,000만 원인 직장인이 있다고 가정하자. 인적공제 등 각종 소득공제 축소로 이 직장인이 내는 세금은 늘어날 것이다. 또 아동수당 폐지 등으로 정부로부터 지급받는 보조금도 줄어들 것이다. 하지만 4인 가족 개개인에게 월 20만 원씩 총 80만 원, 연간으로 960만 원의 기본소득이 주어진다는 점을 감안하면 가족 전체적으로는 오히려 이익일 수도 있다.

반대로 연봉이 수억 원이면서 2인 가족인 경우에는 손해일 가능성이 있다. 고소득자에게 상대적으로 유리한 소득공제가 대폭 폐지 내지 축소되면 세 부담이 크게 늘어 지급받는 기본소득(연간 480만 원)보다 증세액이 더 많을 가능성이 크다.

소득공제는 대체로 고소득자에게 유리한 역진적 성격을 가지고 있어 고소득자일수록 기본소득으로 얻는 추가수입보다 내야 할 세금이 더 많이 늘어날 것이다.[24]

참고로 2019년 기준 우리나라 조세부담률(GDP대비 조세 수입)은 20.1%로 경제협력개발기구(OECD) 37개 회원국 평균 24.9%보다 낮다.[25] 우리나라는 소득세, 부가가치세 비중이 낮은 반면 법인세, 재산세 비중이 OECD 평균에 비해 높은 편이다. 조세부담에 각종 연금과 보험 등 사회보장성 기금을 합한 금액이 GDP에서 차지하는 비중을 의미하는 국민부담률은 2019년 27.7%로 OECD 평균인 33.8%보다 역시 낮다. 우리나라 조세부

---

24) 《기본소득의 경제학》 16페이지 참조, 강남훈, 박종철출판사

25) 뉴시스 2021년 4월 12일
https://n.news.naver.com/mnews/article/003/0010442114?sid=101

담률과 국민부담률은 최근 빠르게 상승하면서 OECD 평균과 격차가 좁혀지고는 있지만 과연 그 돈이 효율적으로 쓰이고 있는지는 의문이다. 우리나라 세제의 더 큰 문제점은 세금 부담이 일부 계층에 과도하게 몰려 있으며 과세 기반이 좁다는 점이다. 즉 일부 고소득자에 대한 세금부담이 지나치게 높고 세금을 한 푼도 내지 않는 면세자가 많다.

국민의힘의 기본소득

   보수를 표방하는 국민의힘의 정책에는 기본소득이 언급돼 있다. 국민의힘은 기본정책 1. 모두에게 열린 기회의 나라 장의 첫 번째인 1-1(누구나 누리는 선택의 기회) 항에서 "국민 누구에게나 건강하고 행복한 삶의 기회를 보장하며, 자율적인 개개인이 넓은 선택의 기회를 가질 수 있도록 다양한 정책을 추진한다. 국가는 국민 개인이 기본소득을 통해 안정적이고 자유로운 삶을 영위하도록 적극적으로 뒷받침하여 4차 산업혁명 시대를 대비한다"고 하고 있다.[26]

   국민의힘이 기본소득을 공식 의제로 내세운 때는 2020년 6월 3일이다. 당시 국민의힘의 전신인 미래통합당의 김종인 비상대책위원장은 '초선의원 공부모임'에 강연자로 나서 "물질적 자유를 어떻게 극대화시켜야 하는지가 정치의 기본 목표"라며 기본소득 도입 추진을 공식화했다.[27]

---

26) 국민의힘 당헌(2020년 9월2일 전면 개정) 6페이지
   https://www.peoplepowerparty.kr/about/constitution,

27) 세계일보, 2020년 6월 3일
   https://n.news.naver.com/mnews/article/022/0003471441?sid=100

다음 날인 6월 4일에도 김 비대위원장은 "지속적인 포용성장을 위한 각종 제도, 보건체제를 재정립하고 4차 산업혁명을 위한 여건 조성, 이로 인해 파생되는 기본소득 문제를 검토할 시간"이라며 기본소득 의제를 공식천명했다.[28]

　이로부터 약 석 달 후인 2020년 8월 20일 미래통합당 경제혁신위원회는 '기본소득 지원제도'의 윤곽을 발표했다.[29]

　당시 미래통합당 경제혁신위원장인 윤희숙 의원은 소득지원 기준으로 상대빈곤 기준선인 중위소득 50%를 제시했다. 당시 중위소득은 1인 가구 기준 월 176만 원이므로 중위소득의 50%는 88만 원이다. 월 소득 88만 원 미만자에게 소득을 보전해 줌으로써 월 소득 88만 원을 맞춰준다는 게 윤희숙식 기본소득의 구상이다. 미래통합당은 이를 기준으로 하면 약 610만 명, 328만 가구가 혜택을 볼 수 있으며 약 21조 원의 예산이 필요할 것으로 추산했다. 기존 기초생활보장제도 수혜자보다는 범위가

---

28) 아시아경제, 2020년 6월 4일
　　https://n.news.naver.com/mnews/article/277/0004691968?sid=100

29) 헤럴드경제 2020년 8월 20일
　　https://n.news.naver.com/mnews/article/016/0001714235?sid=100

넓지만 전 국민의 20%에도 못 미치는 숫자다.[30]

　윤희숙 의원은 이 방안에 대해 "더 이상 빈곤을 방치하지 않겠다는 정책적 지향의 대전환"이라고 자평했지만, 학계와 정치권은 "기본소득의 기본도 모른다"는 비판을 쏟아냈다. 그도 그럴 것이 윤희숙식 기본소득은 보편성, 무조건성, 개인지급 등 기본소득의 기본 원칙과 부합되는 면이 단 하나도 없었기 때문이다. 실소득과 기준소득의 차이를 보전해 주는 윤희숙식 기본소득은 사실 진정한 의미의 기본소득이 아닌 최저소득보장제도에 가까우며 기초생활보장제도상 생계급여를 강화한 것에 불과하다. 복지를 일정 부분 확대한 것일 뿐 '대전환'이라는 단어를 쓰기에는 낯 뜨거울 정도로 새로울 게 없다. 사실 미래통합당의 기본소득은 당시 코로나19 팬데믹 상황에서 이재명 경기도지사 등 진보진영이 기본소득을 사회적 화두로 띄우자 이에 대응하기 위해 깊이 있는 고민 없이 성급하게 내놓은 측면이 크다. 실제 20대 대통령 선거(2022년 3월)를 1년여 앞두고 당시 대통령 출마를 저울질하던 잠룡들은 찬반을 떠나 기본소득 논쟁에 너 나 할 것 없이 발을 들였다.

---

30) 한국경제신문, 2020년 8월 24일
　　https://n.news.naver.com/mnews/article/015/0004403282?sid=100

'기본소득= 포퓰리즘'이라는 등식이 만들어진 것은 사실 정치권의 탓이 크다. 기본소득 도입에 대한 진정성 없이 대선을 앞두고 득표용으로 기본소득이라는 용어를 남발하다 보니 '기본소득= 포퓰리즘'이라는 등식이 성립한 것이다. 이렇다보니 최근 보수 언론들은 기본소득에 대한 명확한 이해 없이 일정 소득을 보장해 주는 복지제도를 모조리 기본소득이라고 부르면서 '지속가능성 없는 좌파의 포퓰리즘'이라고 비판하는 실정이다.

윤희숙식 기본소득은 한국식 보수주의라는 테두리에서 결코 벗어나지 못하는 당시 미래통합당의 이념적 한계를 여실히 보여줬다.

미래통합당과 그 후신인 국민의힘은 정강정책에 기본소득이라는 단어를 쓰고는 있지만, 대선을 앞둔 구색 맞추기에 불과했고, 대선에서 승리한 이후 기본소득이라는 단어는 아예 입에 올리지도 않고 있다.

서울시의 안심소득

 서울시는 2022년 7월부터 오세훈 시장의 핵심 공약인 안심소득 시범사업을 시작했다.[31]

 서울시의 안심소득은 기본소득과는 궤를 달리한다. 소득에 관계없이 동일한 금액을 현금으로 지급하는 것이 아닌 '하후상박'형 소득보장제도다.

 서울시는 '서울안심소득(Seoul Safety Income)' 홈페이지에서 안심소득 시범사업을 이렇게 설명한다.[32]

 '소득이 일정금액에 미달하는 가구에 대하여 미달 액의 일정 비율을 현금으로 지원하는 '안심소득'의 효과성을 확인하기 위해 서울시에서 추진하는 시범사업'

 2023년 기준 신청 자격은 서울시에 거주하면서 주민등록상 주소지도 서울시인 시민 가운데 기준 중위소득 85% 이하이면서 재산이 3억 2,600만 원 이하인 가구다.

---

31) 연합뉴스 2022년 2월 22일
  https://www.yna.co.kr/view/AKR20220222040100004

32) 서울안심소득 홈페이지
  http://www.seoulsafetyincome.seoul.kr/web/contents/
  safeBizGuide.lp

즉, 소득기준은 가구의 소득평가액이 중위소득 85%
이하인 가구다.

2023년 가구 규모별 기준 중위소득[33]

(단위 : 원)

	기준 중위소득 85%	기준 중위소득 50%
1인 가구	176만 6208	103만 8946
2인 가구	293만 7732	172만 8078
3인 가구	376만 9594	221만 7408
4인 가구	459만 819	270만 482
5인 가구	538만 1085	316만 5344
6인 가구	614만 3784	361만 3991
7인 가구	689만 1388	405만 3758

시범사업 참여가구는 중위소득 85%와 가구소득간 차
액의 절반을 지원받는다.

소득이 0인 1인 가구의 경우 기준 중위소득 85%(176

---

33) 서울안심소득 홈페이지
http://www.seoulsafetyincome.seoul.kr/web/contents/
safeBizGuide.lp

만 6,208원) 대비 가구소득 부족분의 절반인 월 88만 3,104원을 받는 식이다.

다만 안심소득에 참여하는 가구가 기초연금, 청년수당, 청년월세, 서울형 주택바우처 등 현금성 복지 혜택을 받고 있는 경우, 그 금액만큼은 제외하고 안심소득을 지급한다. 또 기초생활보장제도상 생계급여와 주거급여는 지급이 중단된다.(자격은 유지) 복지의 중복 혜택을 방지하기 위한 장치다.

- 안심소득 급여= (기준 중위소득 85%-소득평가액)× 0.5-차감공적이전소득
- 소득평가액= 실제소득-장애·질병 등 가구특성에 따른 지출요인
  (실제소득 : 근로소득, 사업소득, 재산소득, 이전소득 등)
  (차감공적이전소득 : 기초연금, 청년수당, 청년월세, 서울형 주택바우처)

서울시는 시범사업에 참여한 가구와 그렇지 않은 가구를 비교해 안심소득이 어떤 영향을 미쳤는지도 평가할 예정이다.

안심소득은 기본소득과 겉보기에 유사하지만 근본적으로는 다르다.

서울시가 설명하듯이 우선 '소득이 일정금액에 미달하는 가구'에 지급한다. 근본적으로는 선별복지다. 중위소득 85%와 가구소득 간 차액의 절반을 지원해 주는 방식이므로 중위소득 85%보다 소득이 근소하게 많은 사람과의 소득역전현상은 발생하지 않는다. 하지만 소득 단 1원 차이로 복지 혜택에서 제외된다는 점에서 안심소득에도 선별복지의 문제점은 여전히 남아 있다. 다만, 안심소득은 소득 산정 시 재산의 소득환산액을 소득에 포함시키지 않는다는 점에서 기초연금이나 기초생활보장제도보다 한층 진일보한 복지라고 평가할 수 있다.

즉 기초연금이나 기초생활보장제도는 집이나 차를 보유한 경우 이를 일정 비율로 환산해 소득에 포함시킴으로써 수급대상자에서 제외하거나 지급액을 줄인다. 하지만 안심소득은 재산의 소득환산을 하지 않고 순수한 실제 소득만을 기준으로 한다.

안심소득은 재산을 소득으로 환산하지 않는 대신 재산이 일정액(2023년의 경우 3억 2,600만 원)을 넘을 경우 무조건 지급 대상에서 제외해 버린다는 점에서도 기본소득과 다르다. 재산의 소득환산은 없지만 재산의 상한선은 존재하는 것이다.

애초 안심소득을 설계할 때는 그 취지에 따라 재산 상한선을 두지 않는 방안을 검토했다고 한다. 하지만 소위 '타워팰리스 소유자에게 안심소득을 지급할 수는 없는 것 아니냐'는 보수주의자 특유의 선별복지론이 결국 안심소득 설계에 반영됐다. 재산은 부동산은 물론 금융재산과 자동차까지 포함된다. 부동산 가격이 지방에 비해 상대적으로 높은 서울 거주 시민을 대상으로 한다는 점을 감안하면 재산 기준으로 인해 대상자는 확 줄어들 수밖에 없다.

또 한 가지 이상한 것은 재산 상한선이 가구원수에 관계없이 적용된다는 점이다. 가구원 수가 많을수록 재산도 많을 가능성이 높은데, 1인 가구든 5인 가구든 재산평가액이 3억 2,600만 원을 넘으면 무조건 대상에서 제외된다. 과연 형평성에 맞는지, 현실성이 있는지 의문이다.

지급기준을 가구로 한다는 점에서도 안심소득은 기본소득과 근본적으로 다르다. 기준 중위소득 금액에서 보듯이 가구를 이루고 살수록 안심소득 혜택에서 손해를 보거나 제외될 가능성이 커진다. 재산상한선 역시 가구원수에 관계없이 일률적으로 적용되므로 가구원 수가 많을수록 손해다.

이처럼 서울시의 안심소득은 1) 소득이 일정액 (중위소득 85%)을 넘거나 재산이 일정액(3억 2,600만 원)을 넘으면 지급 대상에서 아예 제외된다는 점, 2) 개인이 아닌 가구를 기준으로 한다는 점 3) 소득에 따라 지급액이 다르다는 점에서 모든 '개인'에게 '소득이나 재산과 관계없이' '일정액'을 지급하는 기본소득과는 전혀 다르며, 근본적으로는 한국식 보수주의자가 금과옥조처럼 여기는 선별복지의 한계를 넘지 못한 정책이다. 오세훈 시장의 안심소득을 두고 보수판 기본소득이라고 부르는 이유다.

안심소득의 장점은 정치적으로 제도화가 더 쉽다는 점이다. 당장 기본소득을 도입하려 하면 재벌에게 복지 혜택을 주자는 것이냐는 반대 여론이 폭발할 것이다. 이들 반대론자들은 세금은 부자들이 훨씬 많이 낸다는 사실에는 귀를 기울이지 않는다. 안심소득처럼 소득이나 재산이 일정 수준 이하인 사람에게만 혜택을 준다면 정치적 설득이 훨씬 쉽다. 또 안심소득은 일정 소득과 재산 이하의 사람만을 대상으로 하므로 기본소득에 비해 필요한 재원이 적다. 따라서 대대적인 지출 구조조정과 세제 개혁의 필요성이 적다. 하지만 기본소득의 경우 재원 마련을 위해서는 기본소득과 중복되는 각종 공제혜택과 보조금을 없애는 등 대대적인 세제개혁과 지출 구조조정이 필요하며 이는 정치적으로 어려운 과정이 될 것이다.

한마디로 안심소득은 재원 문제와 정치적 현실화 가능성을 감안해 기존 선별복지의 틀 안에서 복지를 다소 강화한 정책이라고 볼 수 있다.

기본소득, 만병통치약은 아니다

　기본소득이 모든 복지를 대체할 수는 없다. 충분히 인간다운 생활을 영위하는 데는 1인당 월 20만 원의 기본소득만으로는 부족하다. 앞으로 우리나라 경제가 성장을 거듭해 더 많은 세금을 걷고 이 돈을 기본소득 재원으로 활용할 수 있다면 더 많은 금액을 지급할 수도 있지만 상당한 시간이 필요할 것이다. 우선은 적은 금액으로 시작한 뒤, 이후에도 각종 비효율을 야기하는 다양한 세제 혜택과 복지 혜택을 기본소득에 편입해 나가면서 경제 성장에 따라 기본소득 금액을 조금씩 올려나가야 한다. 일단 기본소득이 일정 수준 이상으로 높아질 때까지는 저소득층을 위한 최소한의 선별복지는 필요하다. 어떤 정책이든 첫 술에 배부를 수는 없다.

　주거 문제도 기본소득으로 해결하기 어렵다. 한 달에 개인당 몇 십만 원씩 지급하는 기본소득으로는 안정적인 주거를 마련하는 것은 불가능하다.(물론 주거에 들어가는 비용은 지역에 따라 천차만별이다.) 따라서 주거·의료 복지 등은 유지할 필요가 있다. 다만 그 경우에도 선별에 따른 비용과 도덕적 해이 내지는 역선택을 최소화

할 수 있도록 제도를 설계해야 한다. (현물급여의 전달과 선별에 소요되는 행정비용 절감에 주목하는 우파적 기본소득 옹호론자들은 의료보험까지 기본소득으로 대체해야 한다고 주장한다. 논리적으로는 일관성이 있을지 모르나, 본인이나 가족의 중병으로 한순간에 중산층에서 빈곤층으로 떨어지는 현실에 비춰볼 때 이는 비현실적이다. 기본소득으로 일정 이하의 의료비는 본인이 감당하더라도 그 이상의 의료비는 사회보험차원에서 부담해야 할 것이다.)

장애인 등 근로에 종사하기 어려운 취약 계층도 마찬가지다. 이들에 대해서는 기본소득 이외에 치료, 주거 등에 대한 특별한 보호가 필요하다.

다시 말해 기본소득을 도입하기 위해서는 기본소득과 중복되는 복지를 구조조정할 필요가 있지만 그렇다고 모든 복지를 없애자는 것은 아니다. 한마디로 '기본소득으로 얼마를 줄 테니 그 돈으로 하나부터 열까지 너 혼자 해결해라. 그 이후에는 죽든 살든 정부는 관여하지 않는다'라는 게 기본소득은 아니라는 것이다.

노후보장, 진정한 4층 구조의 완성
- 불안정한 국민연금과 저출산 문제의 해법 -

누군가는 이렇게 반론을 제기할 수 있다. "더 걷어서 더 준다면 결국 똑같은 것 아닌가. 사회적·정치적 논란을 감수하면서까지 각종 세제 혜택을 없애고 복지를 통폐합해 기본소득을 도입할 필요가 있을까."

일견 타당한 반론이다. 기본소득 도입을 위해서는 치열한 논쟁을 거쳐 정치적 타협점을 찾아야 한다. 또 세제를 정비하고 복지를 통폐합하는 과정에서 적지 않은 논란이 일어날 것이다.

하지만 기본소득에는 이런 사회적 비용을 감수할 만큼의 장점이 있다.

가장 큰 장점은 소득의 예측가능성이다. 기본소득은 가난하든 부유하든, 일자리가 있든 없든, 나이가 많든 적든 동일한 액수를 일정한 주기로 지급해 주는 것이다.

갑자기 실직을 해도 아무런 증명(재산이 적다는 증명, 그리고 구직활동을 했다는 증명 등) 없이 일정액이 지급되므로 최소한의 안전판이 되어 줄 수 있고 더 많은 직업탐색의 시간을 가질 수 있으며 보다 적성에 맞는 일에 종사할 기회를 얻을 수 있다.(이는 물론 기본소득 금액이 일정 수준 이상이 된 이후에 가능할 것이다.)

일자리를 얻어 소득이 늘어도 일정액이 지급되기 때문에 소득이 생기면 지급액이 깎이는 기초생활보장제도처럼 근로의욕을 꺾지 않는다. 복지에 기대 일자리가 있어도 일을 하지 않는 도덕적 해이에서도 자유롭다는 것이다.

재산이 많든 적든 지급되기 때문에 열심히 저축한 사람이 손해를 보지 않으며, 재산을 축소·은폐한 사람에게 보조금을 지급하고 정직한 사람에게는 지급하지 않는 '역선택'의 위험도 없다.

또 한 가지 장점은 사적 부양에서 공적 부양으로의 전환이다. 인적공제 등 사적 부양을 전제로 하는 각종 제도를 없애고 그 재원을 활용해 공적 부양을 늘림으로써 그 혜택이 수혜자에게 직접 귀착된다. 대표적으로 부양 의무를 전제로 하는 인적공제는 그 혜택이 실제 부양을 하는지 여부와 관계없이 납세자(부양자)에게 귀착되지만 인적공제를 없애고 기본소득을 도입하면 그 혜택이 피부양자에게 직접 귀속된다. 설사 인적 공제를 받은 납세자가 그 공제액만큼 피부양자를 위해 실제 사용한다고 하더라도 문제는 남는다. 인적공제는 일자리를 잃어 소득이 사라지는 순간 받을 수 없다. 실직을 해 가족을 부양하지 못하는 처지인데, 소득이 없으니 공제도 없는 것이다. 차라리 그 금액을 기본소득으로 지급하는 게 소득의 지속성과 예측가능성에 도움이 된다.

개인에게 동일한 금액이 지급되므로 기초생활보장제도처럼 가구원 수가 많을수록 1인당 지급액이 감소하는 문제점도 없다. 부양 의무자 기준, 재산의 소득환산 등이 없으므로 복지의 사각지대도 없어진다.

선별복지처럼 자신이 가난하다는 것을 증명해야 할 필요도 없고 정부도 수급자가 가난한지 부유한지 가려낼 수고를 할 필요가 없으므로 행정비용이 사라진다.

각종 현물복지, 가격보조 등과 달리 경제적 효율성을 저해하지 않는다는 점도 큰 장점이다. 바우처, 농어업인 면세유 혜택 등 현물복지를 없애고 그 재원을 기본소득에 활용하자고 주장한 것도 이 때문이다.

기본소득이 도입되면 은퇴 후 노후보장 체계도 한층 두터워진다. 현재 은퇴 후 소득원을 마련하기 위한 가장 기본적인 방법은 '3층 보장 구조'를 마련하는 것이다. 3층 보장 구조는 공적연금(국민연금 등), 퇴직연금, 개인연금을 가리킨다. 여기에 소득하위 70% 노인의 경우 기초연금을 더해 4층 구조가 마련돼 있다. 하지만 기초연금은 국민연금 수급 시 감액(국민연금연계감액제도)되며 부부 수급자의 경우에도 감액된다. 공무원연금, 군인연금, 사학연금 등 직역연금 수급자는 본인은 물론 배우자까지 기초연금 혜택을 받지 못한다. 진정한 4층 구조라고 볼 수 없다. 오히려 국민연금을 성실히 납부한 사람을 차별한다는 비판도 받고 있다. 실제 최근 국민연금연계 감액제도 폐지도 논의되고 있다. 또 기초연금을 받으면 기초생활보장제도상 생계급여도 감액된다. 차라리 이들 복지혜택을 통폐합해 기본소득으로 전환하면 노후 대비 소득원은 기본소득-공적연금-퇴직연금-개인연금의 4층 구조로 완전히 바뀌며, 국민연금을 성실히 납부하고 젊을 때 착실히 노후를 준비한 사람을 역차별하는 문제점을 해소하고 복지 사각지대를 없앨 수 있다.

더구나 2023년부터 국민연금 개혁 논의도 본격적으로 이뤄지고 있다. 국민연금기금 고갈을 막기 위해 연금 보험료율을 높이고 현행 65세인 수급 개시 시기도 늦추는 방안 등이 거론된다. 이렇게 되면 법정 정년(60세) 은퇴 후 연금 수급 개시(현행 65세) 시작 전 소득 공백을 의미하는 이른바 '소득 크레바스' 기간은 더 길어진다. 통계상 정년(49.4세)을 감안하면 실질적인 소득 크레바스 기간은 15년을 훌쩍 넘어선다. 결국 소득공백기 빈곤 해소를 위해서는 또다시 정부의 복지 재정이 들어갈 수밖에 없다. 이런 결과가 예견된다면 차라리 기본소득을 도입해 빈곤 문제를 조금이나마 해소하고 소득의 예측가능성을 높여주는 게 더 나을 수도 있다.

기본소득은 저출산 문제 해소에도 일부 기여할 수 있다. 대한민국 성인이 아이를 낳지 않는 이유로 첫손에 꼽는 것 중 하나가 바로 '경제적 불안정'이기 때문이다.

- 재벌에게도 기본소득을 -

보편복지를 논할 때 항상 나오는 반론은 '기업 총수에게도 기본소득을 지급해야 하느냐'는 것이다. 이런 반론에는 재벌과 기업, 부자에 대한 반감이 자리 잡고 있다. 하지만 되묻고 싶다. '재벌 회장님은 대한민국 국민이 아닌가'라고.

기업의 총수가 회사 돈을 횡령하거나 정경 유착을 통해 돈을 벌었다면 응당 그에 따른 처벌을 받아야 한다. 이는 형사 처벌의 영역이다. 하지만 처벌을 받아 범죄자가 된다고 해서 대한민국 국민이 아닌 것은 아니다. 오히려 각종 소득공제 폐지 등 세제개혁을 단행하면 그들은 지급받는 기본소득보다 더 많은 세금을 낼 가능성이 높다.

재벌과 그 자녀들에게도 동등한 기본소득을 지급함으로써 우리 사회는 그들에게 한 가지 중요한 사실을 각인시켜 줄 수 있다.

"당신들도 오천만 대한민국 국민 중 한 사람일 뿐, 특별한 존재가 아니다. 정부는 당신들에게 다른 국민들과 똑같은 의무와 권리를 부여한다. 동등한 혜택을 줄 테니

특권은 바라지 마라."

부자에 대한 반감을 만든 것은 다름 아닌 정치권이다. 세상을 가진 자와 못가진 자, 부자와 빈자로 나누어 표를 얻으려는 정치인들의 갈라치기에서 비롯된 못된 이분법의 산물이다. 매표(買票)를 위한 이런 이분법은 물질적으로 양극화된 우리 사회를 정신적으로도 양극화시킨다. 오늘의 부자는 내일의 빈자가 될 수 있으며 그 반대도 마찬가지다. 우리가 해야 할 일은 빈자도 부자가 될 수 있는 사다리를 놓아 양극화를 최대한 완화하는 것이다.

미국 민주주의의 붕괴를 다룬 저서 《어떻게 민주주의는 무너지는가》에서 저자들은 이렇게 일갈한다.[34]

"자산조사를 기반으로 하는 미국의 복지 정책은 중산층들 사이에서 가난한 사람만 복지 혜택을 받는다는 인식을 키웠다. 게다가 역사적으로 미국에서는 민족과 빈곤이 상당 부분 중첩되었기 때문에 이러한 복지 정책은 특정 인종을 하위 계층으로 낙인찍는 결과를 낳았다."

자산조사에 기반한 선별복지가 오히려 정치 양극화를 심화시켰다는 것이다. 저자들은 또 "사회 구성원 대다수에게 복지 혜택을 주는 복지 정책은 사회 적대감을 누그

---

34) 《어떻게 민주주의는 무너지는가》. 286~287페이지 참조, 스티븐레비츠키·대니얼 지블랫, 어크로스출판그룹

러뜨리고 미국의 다양한 유권자 집단을 연결하는 다양한 기능을 한다"면서 그런 복지정책의 사례로 포괄적 의료보험제도, 보편적 기본소득 등을 들고 있다.

전 국민이 가입하는 한국의 의료보험제도는 적어도 질병 치료에 있어서만큼은 누구든지 일정 수준 이상의 의료서비스를 받을 수 있다는 믿음을 심어주고 있다. 과하지 않은 기본소득도 사회 양극화 해소의 주춧돌이 될 수 있을 것이다.

마지막으로 〈나, 다니엘 블레이크(I, Daniel Blake)〉라는 영국 영화를 소개한다. 40년간 목수로 일해 온 다니엘은 지병인 심장병이 악화됐다. '일을 그만두라'는 의사의 조언에 따라 집에서 쉬기로 하고 '질병수당'을 신청했다. 하지만 심사관은 전화로 "윗주머니까지 양팔을 올릴 수 있나요?", "혼자서 50미터 이상 걸을 수 있나요?" 같은 심장병과 관계없는 질문만 늘어놓다가 퇴짜를 놓는다. 심장병 진단을 받았다는 다니엘의 호소는 무시한 채 '일할 수 있는 상태'라는 이유로 부적격 판단을 내린 것이다.

다니엘은 관공서에 찾아가 항의하지만 관료주의와 복잡한 신청 절차의 벽에 막혀 결국 포기하고 이번엔 '구직수당'을 신청한다. 하지만 이마저 녹록지 않다. 구직활동을 했다는 입증자료가 부족하다며 제재 대상에 올리겠다는 구직수당 심사관의 말에 다니엘은 이마저 포기한다. "수입도 없이 구직수당을 포기하는 것은 위험하다"는 조언에도 다니엘은 질병수당 지급 거절에 대해 항고하겠으니 구직수당 신청자 명단에서 빼달라고 요구한다. 그러면서 다니엘은 심사관에게 이렇게 항변한다. "당신처럼 친절한 사람이 잡지도 못할 일자리를 헛되이 찾아다니는 환자나 상대해야 하다니, 내 시간, 고용주 시간, 당신의 시간 낭비해 봐야 나에게 돌아오는 건 수치심뿐이잖소. 그냥 내 이름은 빼주시오. 난 할 만큼 했소. (질병수당 기각에 대한) 항고 날짜나 잡아주시오."

그러고는 마지막 일침을 날린다. "사람이 자존심을 잃으면 다 잃는 거요."

우여곡절 끝에 다니엘은 질병수당 항고 절차를 밟지만, 항고 당일 심장 발작으로 숨을 거둔다. 다니엘의 장례식에서 친구 케이티는 다니엘이 항고를 위해 준비해 둔 메모를 읽는다.

"나는 의뢰인도 고객도 사용자도 아닙니다. 나는 게으름뱅이도 사기꾼도 거지도 도둑도 아닙니다. 나는 보험번호 숫자도 화면 속 점도 아닙니다. 난 묵묵히 책임을 다해 떳떳하게 살았습니다. 난 굽실대지 않았고 이웃이 어려우면 그들을 도왔습니다. 자선을 구걸하거나 기대지도 않았습니다. 나는 다니엘 블레이크, 개가 아니라 인간입니다. 이에 나는 내 권리를 요구합니다. 인간적 존중을 요구합니다. 나 다니엘 블레이크는 한 사람의 시민 그 이상도 그 이하도 아닙니다."

다니엘은 질병수당과 구직수당을 신청하는 과정에서 온갖 모멸감을 느낀다. 복지 기관 직원들의 따가운 눈총, 일을 하지 않고 복지혜택만 받으려 하는 게으름뱅이 아닌가 하는 의심의 시선 등은 40년간 성실히 일하며 배우자 병간호까지 한 그를 자괴감에 빠뜨린다.

그의 처지를 이해하고 도우려는 일부 따뜻한 공무원과 이웃도 있다. 하지만 관료주의라는 거대한 벽 앞에선 그들의 도움도 무용지물이다.

다니엘을 죽음으로 몰고 간 것은 매몰차게 수당 지급을 거절한 공무원일까 아니면 숨 막힐 듯한 관료주의일까. 공무원들이 좀 더 따뜻한 마음으로 다니엘의 처지를 이해해 주었다면 이런 일은 벌어지지 않았을까. 그렇지 않다. 공무원들은 규정에 따라 일을 했을 뿐이다. 그렇다면 깐깐한 규정과 관료주의가 문제였을까. 신청주의 복지 하에서 부적격자를 걸러내기 위해서는 깐깐한 규정은 어쩔 수 없는 필요악이다. 관료주의는 그 자체로는 선도 악도 아니다. 거대한 행정조직과 집행 과정을 공무원의 자의적 판단 없이 일관되게 유지하기 위해선 관료주의도 역시 필요하다. 신청주의 복지제도하에서 다니엘 같은 사례는 언제든 반복된다. 다니엘의 비극은 사실 우리나라에서 발생한 창신동 모자 사건과 크게 다르지 않다. 선별주의와 신청주의를 기반으로 하는 우리의 복지제도가 진정 인간을 위한 복지인지 진지하게 고민해 봐야 할 때다.

참고 문헌

* 《기본소득 시대》, 홍기빈, 김공회, 윤형중, 안병진, 백희원 지음, 아르테

* 《기본소득》, 가이스탠딩 지음, 창비

* 2019년 국세통계연보

* 2022년도 조세지출예산서

* 2023년도 조세지출예산서

* 한국조세재정연구원, 2021 재정포럼 5월호

* 한국조세재정연구원, 2019~2023 국가재정운용계획 보건·복지 분야 보고서

* 2021년 국민기초생활보장사업 안내

* 기획재정부(2020), '열린 재정-세출/지출세부사업예
산 편성 현황(총지출 및 추경 포함)'

* 국회예산정책처 예산안 분석 시리즈 Ⅱ, 2021년도
예산안 위원회별 분석, 환경노동위원회

* 통계청, 인구로 보는 대한민국, 숫자로 보는 인구

* 비과세·감면 현황 및 정비 방안 연구, 2019년 10월
국회입법조사처

* 2019년 확대·개편된 근로장려세제의 노동공급 효과
분석(2020.12), 김문정·김빛마로, 한국조세재정연
구원

* 과세 형평 제고를 위한 2013년 비과세·감면제도 정
비에 대한 제언, 2013년 6월, 한국조세연구원

* 국민기초생활보장제도의 효과 분석-시행 20년의 변
화와 과제, 2020년 12월, 한국보건사회연구원

* 《기본소득의 경제학》, 강남훈 지음, 박종철출판사

* 《국민기초생활보장제도 접근성 강화 방안 연구》, 김
  태완, 김기태, 이주미, 강예은 지음, 한국보건사회연
  구원

* 《어떻게 민주주의는 무너지는가》, 스티븐 레비츠키·
  대니얼 지블랫 지음, 어크로스출판그룹